smile keepers

스마일
키퍼스

NVC에 기초한 자기 인식 및
사회적 인식 계발 프로그램

2

THE KOREAN CENTER FOR
NONVIOLENT COMMUNICATION ®
한국NVC출판사

이 매뉴얼의 초판을 발행한 지 10년이 되었습니다. 그동안 기뻐하고 축하할 일들이 많았습니다. 교사들이 '스마일 키퍼스 2' 프로그램을 아주 좋아해서 지속적으로 새로운 그룹의 어린이들에게 프로그램을 소개하고 있습니다. 그동안 얼마나 많은 어린이들이 참여했는지 정확히는 모르지만 10만 명이 넘는 것으로 추산되고 있습니다.

2002년 스마일 키퍼스 프로그램은 세르비아 교육부 승인 프로그램이 되었고, 교사들을 위한 전문 교육으로 추천되었습니다.

2003~2004년, 전국 TV 교육 프로그램 팀과 협력하여, 한 그룹의 어린이들과 함께 33개 워크숍으로 구성된 스마일 키퍼스 TV 시리즈를 만들었습니다. 어린이 시청자들의 반응이 아주 좋아서 2007년에는 세르비아의 전국 TV 교육 프로그램에서 TV 스마일 키퍼스가 두 번째로 방영될 예정입니다.

2006년 '심리학 요소를 통한 폴란드 교육 지원 센터(Methodic Center for Psycho Pedagogic Assistance in Education in Poland)'와 협력하여 폴란드에서 지도자(트레이너) 교육을 실시했습니다. 이 지도자들이 폴란드의 교사들에게 스마일 키퍼스 교육을 제공할 터이고, 교사들은 다시 어린이들에게 스마일 키퍼스 프로그램을 제공할 것입니다. 이 프로그램은 폴란드어로도 번역되었습니다.

2006년 독일, 스위스, 벨기에, 프랑스, 룩셈부르크의 일부 교사들이 이 프로그램을 학교에서 활용하는 데 관심을 보였습니다. 그렇게 해서 영문판이 나오게 되었습니다.

2007년판에서는 참가 어린이의 부모님들께 이 프로그램의 내용과 효과에 대해 알려 주는 워크숍 1개(32), 그리고 교사들이 어린이들에게 꼭 필요하다고 판단한 주제에 관한 워크숍 13개(1, 11, 12, 13, 19, 20, 21, 22, 23, 24, 25, 26, 27)가 추가되었습니다.

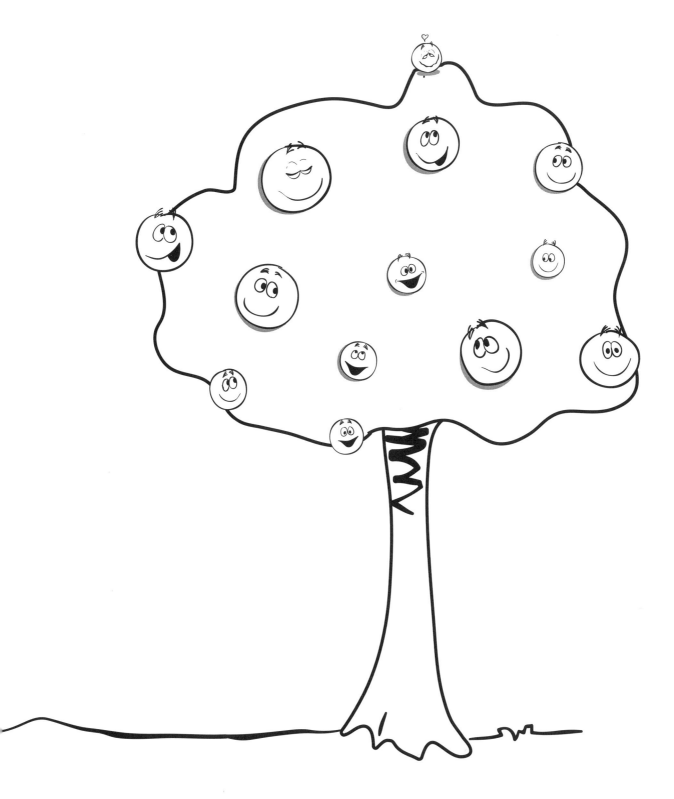

목차

● 들어가는 말

"우리들 모두의 내면에는 강이 흐르고
이 강들은 모두 같은 다리 아래에서 만난다.
우리의 행복과 슬픔이 그처럼
제각각이면서도 비슷한 것은 바로 그 때문이다."

—미로슬라브 안티치의 「내가 상상하는 천국의 모습」 중에서

이 책은 초등학교 고학년 어린이들을 상대하는 심리학자, 교육자, 교사를 위한 것입니다. 이 책에서 소개하는 아동의 자아 인식과 사회적 인식 계발 증진을 위한 심리 워크숍은 1993년 '스마일 키퍼스'라는 이름으로 세르비아의 베오그라드대학교 심리학연구소가 진행한 프로젝트의 일환으로 만들어졌습니다. 유니세프의 후원을 받은 이 프로젝트는 1993년 2월부터 세르비아와 몬테네그로의 여러 유치원과 학교에서 진행되고 있습니다.

이 NVC 워크숍의 주된 목표는 어린이들의 인성 계발을 돕는 것입니다. 재미나게 노는 활동을 하면서 어린이들은 다음과 같은 기회를 가지게 됩니다.

• 자아 인식과 사회적 인식을 계발한다.
• 자신만의 특수성, 다른 사람들과의 차이점과 유사점을 알게 된다.
• 풍부한 경험을 통해 문제 해결 능력을 키운다.
• 정서적인 안정감을 얻는다.
• 부정적인 감정 상태와 갈등을 극복하기 위한 최선의 방법을 찾는다.
• 자기표현과 소통의 기술을 향상시킨다.
• 자신감과 타인에 대한 신뢰를 키운다.
• 자신과 타인을 더 잘 이해할 수 있게 된다.

스마일 키퍼스 1(5~10세용)과 스마일 키퍼스 3(청소년용)의 목표도 이와 동일합니다. '스마일 키퍼스 2' 프로그램은 1993년 9월부터 12월까지 세르비아의 33개 초등학교에서 3,000명의 학생들(104학급)을 대상으로 처음 실시되었습니다. 총 211명의 교사들이 이 프로그램을 진행했습니다. 1997년 초에 스마일 키퍼스 초판이 발행되면서 이 프로그램은 50개 이상의 지역에서 진행되었고 2,000여 명의 성인 '스마일 키퍼스'들과 21,000명이 넘는 어린이들이 참여하게 되었습니다.

프로그램의 효과에 대한 평가: 간략한 개요

총 3가지 유형의 데이터가 수집되었는데, 모든 데이터가 이 프로그램이 어린이들의 행동에 긍정적인 영향을 끼쳤음을 입증하고 있습니다.

1. 프로그램이 자신에게 끼친 영향에 대한 어린이들의 자체 평가

어린이들에게 프로그램이 효과가 있었는지, 있었다면 어떤 효과가 있었는지 물었습니다. 대다수 어린이들의 관찰에 따르면, 크게 세 가지 측면에서 눈에 띄는 큰 변화가 있었습니다.

a. 개인적 측면

- 자신감과 타인에 대한 신뢰가 커졌다.
- 서로의 같은 점과 다른 점에 대한 통찰력이 생겼다.
- 서로간의 긴장감이 줄어들면서 자신을 표현하려는 열린 태도가 향상되었다.
- 개인적 문제를 극복하는 구체적인 기술과 노하우를 습득했다.

다음은 어린이들이 직접 한 말입니다.

"무대 공포증이 사라졌어요!"

"아무리 어려운 문제라도 해결책이 있다는 걸 알았어요!"

"나 자신을 그렇게 깊이 들여다본 적이 없는데, 이제는 나에 대해 많이 알게 되었어요!"

"다른 아이들도 두려움을 느낀다는 걸 알았어요!"

b. 동급생들과의 관계

어린이들은 서로 더 가까워지고 사이가 좋아졌다고 말했습니다.

c. 교사와의 관계

어린이들은 선생님 앞에서 두려움과 분노, 슬픔을 표현하고 그것들에 대해 선생님의 지지와 이해를 얻을 수 있었다는 점을 매우 높이 평가했습니다. 어린이들은 워크숍 진행자의 태도가 지시적이거나 일방적이지 않았다는 점을 아주 좋아했습니다. "이 워크숍에서 저는 자유롭게 제 모습을 있는 그대로 내보일 수 있었고, 제일 좋았던 점은 아무도 그런 저를 야단치지 않았다는 거예요!"

2. 진행자들이 평가한 어린이들의 행동 변화(양적 평가)

프로그램 진행자들은 행동 조사 목록을 바탕으로 프로그램 전과 후에 모든 어린이를 평가했습니다. 이 목록은 20가지의 행동 속성으로 구성되어 있는데, 그중 10개는 긍정적인 것, 나머지 10개는 부정적인 것입니다. 아동의 행동에 나타나는 각 속성은 1~5점 척도로 평가되었습니다.

그런 다음, 프로그램 전과 후에 어린이들이 얻은 점수의 차를 분석하여 개인별 변화를 살펴보았습니다. 그러한 차이가 통계적으로 유의미하며 프로그램의 효과 측정에 사용될 수 있는지 확인하기 위해 t-검증을 실시했습니다. 그 결과에 따르면, 어린이들의 부정적 행동 속성이 감소하고 긍정적 속성이 크게 증가했습니다. 다시 말해, 프로그램에 참가한 어린이들은 열린 태도를 보이며 자유롭게 자기 감정을 표현하게 되었고, 타인에게 더 주의를 기울이고, 결단력·사회성·상상력·호기심·독립심이 더 커졌습니다. 그 반면에, 두려움과 긴장감, 수동성은 감소했습니다.

3. 진행자들이 평가한 프로그램의 효과(질적 평가)

보고서에서 워크숍 진행자들은 아이들의 행동에서 다음과 같은 모습들이 관찰되었다고 언급했습니다.

어린이들은 더 유쾌해졌으며, 참을성이 생겼고, 열린 태도로 소통하고, 적극적으로 감정을 표현하고, 자신과 타인을 더 깊이 이해하려고 하며, 행동 이면에 숨겨진 동기와 느낌을 찾으려고 했습니다.

진행자들은 또 전반적으로 학급 분위기가 좋아졌다고 말합니다. 어린이들 사이에, 그리고 교사와 어린이들 간에 협력이 증가하면서 공격적인 행동이 줄었습니다.

진행자들은 이 프로그램을 통해 어린이들을 더 잘 알게 되었다고 말합니다. 특히 내성적인 아이들이 전에는 스스로 인지하지 못했거나 보여 주고 싶어 하지 않았던 능력과 자질을 다른 사람들 앞에서 보여 주는 모습을 보고 매우 기뻤다고 합니다.

위의 프로그램 평가 결과는 가장 눈에 띄는 데이터만을 언급한 것입니다. 긍정적인 효과에 대한 보고는 이 밖에도 매우 많습니다.

이 매뉴얼은 어린이들의 인성 계발을 돕고자 노력하는 많은 교사들이 스마일 키퍼스 프로그램을 활용할 수 있도록 돕기 위해 발간되었습니다. 하지만 워크숍을 직접 체험해 보거나 그와 관련된 교육을 받지 않은 사람이 과연 이 매뉴얼을 제대로 활용하고 스마일 키퍼스 프로그램의 정신을 잘 살릴 수 있을지 우려되는 것도 사실입니다.

진행자들을 위한 교육

모든 진행자들은 어린이들과 프로그램을 진행하기 전에 16개 워크숍(32시간)으로 구성된 특별 교육 프로그램에 참여해야 합니다. 이 교육은 프로그램 진행자들이 각 워크숍의 내용과 목표에 대해 배우고, 직접 체험과 적극적인 전문성 개발을 통해 워크숍 진행 기술을 습득하도록 돕기 위한 것입니다. 또 전통적 교육 방식이 아닌 대안적 방식을 학습함으로써 교육자 자질을 증진시키는 기회도 될 것입니다.

어린이들이 부정적인 감정을 표출할 때 어른들은 흔히 아이의 관심을 다른 데로 돌리려고 하거나(아이가 슬퍼할 때), 설득하려고 들거나(아이가 두려워할 때), 표현을 못 하게 하거나 벌을 주려고(아이가 화가 났을 때) 합니다. 우리 문화에서는 어른들이 두려움이나 분노, 슬픔에 가득 차 있는 아이의 절박한 욕구를 충족시켜 주고자 하는 일이 거의 없습니다. 즉, "친한 사람들과 함께 집에 있고 싶기 때문에 슬픈 거니?", "너의 의견이 존중되기를 바라기 때문에 화가 난 거니?"와 같은 공감의 반응을 해 주지 않습니다.

어른들이 보이는 공감 반응은 여러 면에서 도움이 됩니다. 먼저, 어린이들이 자기 감정이 이해받고 있음을 알게 되기 때문에 서로 신뢰가 쌓이고 더욱 가까워집니다. 그러면 어른과 어린이의 소통이 향상되고, 어린이가 자신의 감정과 욕구 사이의 관계를 인식할 기회가 생기고, 어른은 어린이가 힘들어하는 상황을 어떻게 극복하도록 도와주어야 할지를 좀 더 분명히 알게 됩니다. 어린이들은 문제를 풀기 위한 도움이나 조언을 원하는 것이 아니라, 단지 어른이 자기 이야기를 들어 주기를 바랄 뿐일 때가 많습니다.

1992년 베오그라드에서 실시된 한 연구 조사에서 우리는 유치원과 학교 교사들에게 세 가지 상황(아이가 와서 친구들과의 갈등에 대해 이야기할 때, 아이가 하라는 일을 하지 않을 때, 아이가 상처를 받아서 화난 행동을 할 때)에서 어떻게 대응하겠는지를 물었습니다. 180명의 교사 중 단 한 명도 공감의 답변을 하지 않았습니다.(12~13쪽의 **표1**과 **표2** 참조)

교사들이 제시한 가장 흔한 반응은 다음과 같습니다.
• 친구들과의 갈등에 대해 이야기한 아이에게는 조언을 해 준다.
• 복종을 거부하는 아이에게는 논리적으로 설명해 준다.
• 분노를 드러내는 아이에게는 그 감정을 부인한다.

무엇보다 우려스러운 사실은 (세 번째 상황처럼) 감정이 강할수록 어른들이 어린이의 감정을 부인할 때가 많다는 점입니다.

게다가 교육 목표와 교사들이 그 목표의 달성을 위해 사용하는 구체적인 단계들이 상충

표1. 학교 교사—세 가지 상황에 대한 반응

	교사의 반응	친구와의 갈등		불복종		감정 분출	
		(명)	(%)	(명)	(%)	(명)	(%)
1	요구	0	0	3	3	6	7
2	위협	0	0	3	3	6	7
3	훈계	9	10	24	27	14	15
4	조언하기	54	60	24	27	10	11
5	논리적 설명	15	17	27	30	0	0
6	비난	0	0	3	3	0	0
7	동의하기	0	0	0	0	3	3
8	해석해 주기	6	7	0	0	6	7
9	동정	3	3	2	2	0	0
10	심문	3	3	0	0	6	7
11	감정을 부인하기	0	0	4	5	39	43
		90	100	90	100	90	100

표2. 유치원 교사—세 가지 상황에 대한 반응

	교사의 반응	친구와의 갈등		불복종		감정 분출	
		(명)	(%)	(명)	(%)	(명)	(%)
1	요구	3	3	9	10	18	20
2	위협	0	0	3	3	0	0
3	훈계	3	3	15	17	0	0
4	조언하기	36	40	0	0	3	3
5	논리적 설명	0	0	45	50	3	3
6	비난	15	17	3	3	6	7
7	동의하기	0	0	0	0	6	7
8	해석해 주기	12	14	0	0	18	20
9	동정	0	0	0	0	0	0
10	심문	18	20	3	3	0	0
11	감정을 부인하기	3	3	12	14	36	40
		90	100	90	100	90	100

하고 있습니다. 아이들을 가르칠 때 가장 중요한 교육 목표가 무엇이냐는 질문에 대다수의 교사들이 독립성과 책임감을 꼽았습니다. 그러나 독립성과 책임감을 키워 주기 위한 구체적 방안에 대해 물었을 때에는 어린이들이 스스로 결정을 내리도록 돕거나 자기 욕구를 자유롭게 표현할 기회를 준다고 답한 교사는 거의 없었습니다. "아이가 책임 있게 행동하기를 바랍니다.", "아이가 먼저 과제를 끝내고 나가서 놀도록 함으로써 책임감을 높여 주고자 노력합니다."와 같은 답변은 독립성이나 책임감을 북돋운다고 볼 수 없습니다. 어린이가 계획하거나 실행해야 할 일을 교사가 대신 책임짐으로써 실제로는 어린이의 자율성을 억압하는 것입니다.

교사들의 대응 방식은 어린이의 독립심과 그 밖의 바람직한 인성을 키우고 북돋운다는 목표와 상충했습니다. 오히려 목표를 달성하기 위해 한 행동들이 반대의 효과를 내고 있었습니다. 더욱이, 대부분의 경우에 교사들도 그 사실을 알고 있었습니다! 다만 적절하게 대응하는 방법을 알지 못했던 것입니다.

그래서 우리는 교사 교육 프로그램을 만들 때 주요 목표를 교사에게 노하우를 제공하는 것으로 잡았습니다. 우리는 교사들이 자신의 교육 방법을 되돌아보고, 달성하려는 목표를 구체적으로 정하고, 단계를 설정하고 교육적 개입의 효과를 살펴보도록 하는 한편, 경험과 연습을 쌓고 교육 목표(어린이들이 자신과 타인을 존중하고 독립적으로 책임 있게 행동하며 창의적이 되도록 돕는다) 달성에 적절한 방법을 습득할 수 있는 교육 활동들을 선택했습니다.

사전 교육을 받지 않은 상태에서 어린이들을 데리고 이 프로그램을 진행해 보고자 하는 분들은 어린이들의 바람직한 품성을 자극하고 계발하기 위한 이러한 활동 경험이나 노하우를 얻지 못할 가능성이 큽니다.

이 프로그램을 진행하려는 분들은 11~15세 아동의 심리적 특성을 알고 있어야 하며, 다음과 같은 능력도 갖추어야 합니다.

- 성급하게 판단, 판정, 분석, 비판, 충고를 하지 않고 공감으로 듣는다.
- 신나게 노는 분위기를 즐긴다.
- 열린 자세로 소통하고 예상치 못한 일들이 일어날 것을 기대한다.
- 어린이들에게 지시를 내리는 것이 아니라 어린이들을 자극하고 동기를 부여하는 방식으로 개입한다.

아동 교육에서 가장 중요한 과제는 어린이들이 긍정적 자아상을 확립하고, 자신감과 독립심을 키우고, 타인과 주고받음으로써 풍부한 체험을 하도록 돕는 것입니다.

● 이론적 배경

이 프로그램의 이론적 기반은 비고츠키의 발달 이론과 마셜 B. 로젠버그의 비폭력대화 모델을 바탕으로 인간 발달의 본성에 맞추어 상호작용주의와 구성주의적 접근법을 조합한 것입니다.

다음은 이 프로그램에 중요한 요소들입니다.

1 세상과 자기 자신에 대한 어린이의 경험은 어른에 의해 달라집니다.

따라서 이 프로그램은 어른들이 다음과 같이 진행할 때 최선의 효과를 볼 수 있습니다.

- 어른들은 어린이가 자기 경험이나 느낌을 나눌 때 어린이가 이해하고 수용할 수 있는 환경을 만듭니다.

2 어린이를 더 높은 발달 단계로 이끌어 주는, 그 아이에게 적절한 자극을 제공합니다.

그러나 그 연령대의 어린이가 감당하기 어려운 경험은 하지 않도록 보호합니다.

- 어른들은 어린이가 자신과 세상을 탐색하고 배우기 위해서 하는 모든 자발적·즉흥적 시도를 장려하고, 그것이 아이에게 즐겁고 긍정적인 경험이 될 수 있도록 하는 데 힘씁니다.

어린이의 발달 단계에 적합한 개입은 아동 발달에서 핵심적인 요소입니다. 어린이의 심리 발달을 촉진하기 위해 노력하는 사람들이 할 일은 '배아 상태'에 있는 어린이의 정신 작용에 도움을 주는 것입니다. 그러한 정신 작용은 어른과 어린이의 심리적 상호작용을 통해 향상될 수 있습니다.

3 어른들은 직접적으로 개입하는 것과 어린이들이 스스로 발달하도록 돕는 것의 섬세한 차이를 구별할 줄 알아야 합니다.

그러면 어떻게 개입해야 하는가라는 질문에 대한 마법의 열쇠는 "너는 지금 …을 원하기 때문에 ~하게 느끼는 거니?"라는 공감적 질문의 형식을 통해 연민의 마음으로 접근하는 것입니다.

이렇게 연민으로 접근하는 방법에 관심 있는 독자 분께서는 마셜 B. 로젠버그 박사가 쓴 비폭력대화에 관한 책들을 보면 더 자세한 내용을 알 수 있습니다.(www.krnvc.org)

4 어린이들은 상호작용의 적극적인 참여자입니다.

- 어린이들은 자신의 발달 단계와 능력에 맞는 요소들을 스스로 도입하고 선택하고 적절하게 재배열하고 보유합니다.
- 어린이가 폭 넓은 경험을 하면서 수집한 것들을 자기만의 고유한 방식으로 내면에서 구성하고 조직하면서 어린이의 심리 세계는 독립적·개인적인 상징적 활동을 하게 되고, 그 결과로 외면에서 내면으로, 상호작용에서 내면의 심리 세계로 다가가게 됩니다.

5 아동 발달은 심리적 기능의 변화뿐 아니라 심리적 기능들 간의 상호 관계 즉, 그 구성이 변화하는 것입니다.

- 발달적 변화는 심리적 기능 각각의 변화와 더불어, 기능들 사이의 상호 관계가 변화하고 심리 체계 안에 있는 특정한 심리적 기능의 지위와 역할이 변하는 것을 말합니다.
- 심리적 기능들은 다양한 패턴으로 통합될 수 있는데, 이때 중요한 역할을 하는 것이 바로 메타인지(meta-cognition)입니다. 메타인지란 자신의 심리적 기능들이 작용하는 방식을 스스로 고찰해 보고 이를 의도적으로 통제하는 것입니다.
- 메타인지는 사회적 상호작용에 근거를 두고 있습니다. 상징 놀이는 내면화(외면에서 내면으로의 전환) 과정에서 중요한 역할을 합니다. 놀이의 맥락은 여러 층으로 되어 있는 어린이의 내면세계를 활성화하고 더 큰 자유를 제공함으로써 새로운 패턴이 출현할 가능성을 높여 줍니다.

● 접근 원칙

▶ 워크숍에 권위자는 없습니다. 모든 참가자는 평등하며, 워크숍 진행자와 도우미도 어린이들과 마찬가지로 자신의 개인적 경험과 느낌을 나눕니다.

▶ 어른들은 어린이들이 어른들과의 관계뿐 아니라 또래 사이에서도 자기 경험과 느낌을 나눌 필요와 욕구를 느낄 수 있도록 활동을 조직합니다.

▶ 어른들은 판단·비판·해석·조언을 하거나 해결책을 제시하지 않음으로써 신뢰와 수용의 분위기를 조성합니다. 어린이들이 편안하고 안전하게 느끼는 것이 중요합니다.

▶ 이 프로그램의 초점은 마지막 결과가 아니라 발견하고 배우는 과정에 있습니다.

▶ 워크숍 진행자는 간접적으로, 곁에서 돕는 식으로 다가갑니다. 변화를 강요받으면 사람들은 오히려 예전 모습을 더 고수하려고 듭니다. 따라서 새로운 맥락과 관점을 제공하고, 각자가 자기 나름대로 그것들을 이해하고 소화해서 변화를 위한 조건을 스스로 만들어 가도록 할 필요가 있습니다.

▶ 강의가 아니라 놀이를 통해 학습이 이루어지는 것이 중요합니다.

▶ 어린이들이 외워야 할 정답이나 미리 정해진 해결책은 없습니다. 어른들은 듣고 싶은 답을 미리 정해 놓고 어린이에게 질문을 해서는 안 됩니다. 어른들은 '예상치 못한 일이 일어나기를 기대'하는 태도를 가져야 합니다. '발달적 변화'란 무언가 새로운 것을 뜻합니다.

▶ 어른들은 각 어린이에게 알맞은 격려와 자극을 적절한 때에 줄 수 있어야 합니다. 그리고 어린이들이 하는 말을 아주 주의 깊고 민감하게 듣고, 열린 마음으로 그것을 이해하고 그 중요성을 알아차릴 수 있어야 합니다. 시인 더스크 라도빅은 그런 태도를 "존중받는 아이들"이라는 짧고 분명한 말로 표현한 바 있습니다.

▶ 어른들은 어린이들에게 근접발달영역 안에서 자극을 제공하되 아무것도 강요하지 않으며, 대칭적 지위와 비대칭적 지위, 지지와 자극 사이에서 유연하게 움직입니다.

▶ 어른들은 긍정적인 태도를 길러 주어야 합니다. 막연한 칭찬("참 잘했어요.")이 아닌 구체적인 표현("네가 …을 ~하게 한 것이 좋았어.")으로, 어린이들이 자기가 이룬 것을 기뻐하고 스스로에 대해 만족감을 느끼고 그것을 표현할 수 있게 격려합니다.

▶ 어린이들의 저항을 존중합니다. '해야만 한다'는 없습니다. 활동에 참여하고 싶어 하지 않는 어린이에게는 참여를 강요하지 않습니다.

▶ 부정적인 감정이 터져 나올 때에는 그것을 가로막는 질문을 하거나 억누르지 않으면서, 어린이들이 마음껏 울고 충분히 분노를 드러내도록 시간을 줍니다. 공감으로 듣고 공감에 바탕을 둔 질문을 함으로써, 어린이가 자신이 느끼는 감정과 그 이유를 구분할 수 있도록 도와줍니다. 다음과 같은 말이 도움이 됩니다. "이해받고 싶기 때문에 슬픈 거니?" "네가 하고 싶은 일을 스스로 선택하고 싶기 때문에 화가 난 거니?"

▶ 어른들은 어린이들이 자신이나 다른 사람에게 상처를 주지 않고 건설적으로 에너지를 쓰도록 지지하고 격려합니다.

▶ 근접발달영역에서의 개입은 2가지로 구분할 수 있습니다.
  1. 간접 개입
  활동을 선택하고 구성함으로써 간접적으로 개입한다. 워크숍을 진행하고 프로그램 전반을 운영하는 역할을 하는 것은 발달에 도움이 되는 생산적인 교류를 촉진하기 위해서이다.

2. 직접 개입

a. 알맞은 순간에 적절한 힌트를 주어서 아이의 통찰을 북돋운다.

b. 어린이들 간의 상호작용을 잘 관찰하여 아이들이 서로 피드백을 통해 도움을 주고 받을 수 있도록 한다. 그룹 내에서 활용할 수 있는 다양한 모델이 있으면 각 연령대 별로 다른 욕구를 충족할 수 있다.

c. 가능할 때에는 언제나 진행자 자신의 메타인지적 방법과 통찰을 표현한다. 이때 핵 심은 어린이들의 행동을 어떤 규범에 맞추는 것이 아니라 어떤 모델이 가능한지 보 여 주는 것이다.

그러나 근접발달영역에서의 개입이 무엇인지 분명하게 정의하기는 어렵습니다. 이 프로그램의 워크숍들은 모두 상황에 맞게 바꿀 수 있는 열린 체계이며, 그 질과 수 준은 참가자들이 어떻게 하는가에 따라 달라집니다. 때로는 어린이가 한 말을 진행 자가 그대로 반복하는 것만으로도 아이로 하여금 통찰을 얻고 앞으로 나아가게 하 기에 충분합니다. 아니면, 비슷한 상황에서 다른 참가자가 어떤 방법을 쓰는지 잘 보아야 할 때도 있습니다. 이 경우에는 그것이 아이가 자기 문제를 해결할 가장 좋 은 방법을 발견하는 계기가 됩니다.

● 워크숍 진행자들이 알아야 할 주요 사항

▶ 어린이 참가자의 수는 10~15명이 가장 좋습니다. 최대 20명과도 할 수 있으나, 그러면 자기 경험과 느낌을 공유하고자 하는 동기나 집중력이 떨어집니다. 그룹이 클 때에는 두 그룹으로 나누어 좀 더 집중된 상황에서 자신을 표현하고 다른 사람들의 이야기를 들을 수 있도록 하는 것이 좋습니다. 이렇게 구성된 그룹은 프로그램이 끝날 때까지 그대로 유지합니다.

▶ 이 프로그램은 11~15세 어린이들을 위한 것입니다.

▶ 각 워크숍은 가능하면 두 명이 지도하는 것이 좋습니다.
 − 진행자는 스크립트를 따라 진행하고 그룹 내의 상호작용을 촉진합니다.
 − 도우미는 처음부터 마칠 때까지 어린이들이 한 말을 모두 기록합니다. 이렇게 기록한 보고서에는 다음 내용이 포함되어야 합니다.
   •시간, 장소, 참가자   •진행자 이름
   •진행된 모든 활동과 순서   •어린이들의 모든 반응

▶ 주당 1~2회의 워크숍이 적당합니다. 그러면 진행자는 충분한 시간을 가지고 각 어린이에 대한 인상을 정리할 수 있고, 어린이들은 자발적인 상징 놀이들을 통해 그룹 안에서 나눈 경험들을 소화할 수 있습니다.

▶ 각 워크숍은 1시간 정도 걸리도록 짜여 있습니다. 물론, 참가자 수와 어린이들의 참여도에 따라 달라질 수 있습니다.

▶ 어린이들의 반응에 따라 스크립트를 조정합니다. 이 프로그램의 기본 원칙은 어른이 어린이들에게 맞추는 것입니다. 그러나 이때 워크숍 안의 활동과 순서가 바뀌어서는 안 됩니다. 각 워크숍은 다음과 같은 순서를 따르고 있습니다. 먼저 문제(갈등, 불쾌한 감정 상태 등)들을 분석하는 활동을 소개한 다음, 어린이가 그러한 상태에서 벗어날 수 있는 건설적인 방법을 스스로 찾도록 돕습니다. 어떠한 이유에서건 어린이들이 괴로움에서 벗어나는 방법을 배우지 못한 채로 워크숍을 끝내서는 절대 안 됩니다. 어린이들이 서서히 불쾌하고 고통스러운 주제에 직면하도록 하고, 긍정적인 감정과 적극적인 행동에 초점을 맞추면서 마무리하도록 합니다.

▶ 이 프로그램의 핵심은 상징적인 표현(그림 그리기, 무언극, 상징 놀이, 연극)을 하는 활동과 '돌아가면서 이야기하기'입니다. 이 활동들을 통해 어린이들은 자신의 내적 경험에 대한 인식을 발달시킬 수 있습니다. 어린이들 각자가 자기 그림을 모두에게 보여 주고 설명을 할 수 있는 충분한 시간을 주는 것이 중요합니다.

▶ 이완 운동과 게임, 동작, 몸을 쓰는 활동 등은 어린이들이 긴장을 풀고 그룹 안에서 좋은 분위기를 형성하는 데 도움이 됩니다. 따라서 어린이들이 지루해하는 듯 보이면, 진행자는 언제든 그러한 활동을 도입할 수 있습니다.

특별한 참고 사항들

- 어린이들이 자신이 얼마나 '잘' 했는지를 알고 싶어 하고, 어른들이 무엇을 기대하는지를 짐작하려고 한다는 문제가 생길 수 있습니다. 진정으로 자신에게서 우러나오는 느낌이나 생각을 나누면 된다는 점을 강조해야 합니다.
- 거부 의사를 존중해야 하지만, 언제 누가 거부하는지 눈여겨봐야 합니다. 특히 침묵하는 내성적인 어린이들에게 주의를 기울여야 합니다. 자기 경험과 느낌을 나누도록 격려하기는 하되 참여를 강요하지는 말아야 합니다.
- 그룹 활동을 방해하는 어린이들이 있으면 친절하게 규칙을 다시 알려 줍니다. "그것도 재미있구나. 하지만 네 차례가 될 때까지 기다려 줄래?" 그것이 효과가 없을 때에는 "누군가 방해를 할 때 우리 기분이 어떤지", 그리고 "우리가 다른 사람들 말을 귀 기울여 듣지 못하게 방해하는 이유가 무엇인지"에 대해 돌아가면서 이야기합니다.
- 참가자들 전체가 참여를 거부할 때에는 문제가 무엇인지 확인하고, 스크립트를 조정한 다음, 어린이들이 흥미를 느끼는 게임을 합니다.

● 프로그램을 시작하기 전에 참가자들에게 전달할 사항

이 프로그램의 핵심은 우리가 '미소의 수호자'가 되는 것입니다. 간단히 말해, 이 프로그램의 목표는 다음과 같습니다.

- 자신과 다른 사람들에 대해 새로운 점을 알게 된다.
- 자신과 다른 사람들을 더 잘 이해하고 존중하는 법을 배운다.
- 자신을 괴롭히는 문제들을 해결하는 방법을 찾는다.
- 우정의 즐거움을 마음껏 누린다.
- 새로운 게임을 배운다.
- 심각한 문제를 놀이를 통해 재미있게 다루어 보는 기회를 가진다. 그림 그리기, 무언극 또는 종이에 쓰기와 같은 활동들을 한다.
- 나중에 혼자서 또는 친구들과 함께 사용할 수 있는 새로운 기술(이완 기술, 역할극, 상상 연습 등)을 배운다.

● 참가자들이 사전에 알아 두어야 할 주요 사항

▶ 이야기는 원형으로 둘러앉아서 돌아가면서 합니다. 원형은 모든 참가자들이 동등한 공간을 차지하는 가장 민주적인 배치법입니다. 모두가 다른 사람의 모습과 하는 말을 잘 보고 들을 수 있는 것이 중요합니다.

▶ 모두가 적극적으로 참여합니다. 자기 차례가 되면 말을 하고, 다른 사람들이 하는 이야기를 주의 깊게 들어야 합니다. 그 과정에서 많이 배우기 때문입니다.

▶ 어떤 활동에 참여하고 싶지 않을 때에는 "통과!"라고 말할 수 있습니다.

▶ 개인적인 경험을 나눌 때에는 자신이 원하는 만큼만 하면 됩니다.

▶ 찾아내야 할 정답은 없습니다. 자기가 느끼고 생각하는 것을 나누는 것이 중요합니다.

처음부터 모두가 합의하고 존중해야 하는 몇 가지 규칙이 있습니다.
▶ 비밀을 준수합니다. 원 안에서 나눈 이야기는 원 밖으로 나가서는 안 됩니다.(뒷말 금지!)

▶ 재미나서 많이 웃게 될 것입니다. 하지만 놀리는 것은 안 됩니다.

▶ 서로 잘 듣고 차이를 존중하는 일은 상호작용에서 매우 중요합니다. 요점은 우리 모두가 고유하고 특별하다는 것입니다. 우리의 차이들이 우리를 더욱 풍요롭게 만듭니다.

▶ 프로그램이 일단 시작되면 더 이상 참가자를 받지 않습니다.

▶ 관찰만 하는 사람은 없습니다. 모두가 참여해야 합니다.

▶ 제시간에 시작할 수 있도록 옵니다.

▶ 도중에 밖에 나가지 않습니다.(다른 사람들에게 방해가 됩니다.)

▶ 빠지지 말아야 합니다. 각 워크숍은 서로 연관되어 있으며, 서서히 복잡한 주제로 발전해 가는 식으로 구성되어 있습니다. 따라서 한 번도 빠지지 않고 계속 참여하는 것이 중요합니다. 총 31회의 워크숍이 매번 다른 주제로 진행되며, 일주일에 1~2개의 워크숍을 합니다.

▶ (필요할 경우) 반을 두 그룹으로 나누어 진행하는데, 그것은 모든 사람이 적극적으로 참여할 기회를 가지도록 하기 위해서입니다. 이때 두 그룹이 하는 활동은 동일합니다.

▶ 프로그램을 소개한 후, 참가자들이 궁금한 점에 대해 질문하고 기대하는 바가 무엇인지 이야기할 수 있는 시간을 가집니다.

스마일
키퍼스

NVC에 기초한 자기 인식 및
사회적 인식 계발 프로그램

WORKSHOP

01

프로그램과 활동 방법 소개

워크숍 개요

1. 활동의 **내용과 방법** 소개

2. 전체가 함께하는 **듣지 않기 게임**

3. 짝을 지어 하는 **듣기 게임**

4. **자기 의견을 말할 권리**

5. **다른 사람의 의견 존중하기:** 자기 의견과 다르다는 이유만으로 무시하지 말고,
   의견이 다른 이유가 무엇인지를 이해하려고 노력하면서 자신의 생각을 돌아본다.

6. **사생활에 관한 권리**

7. **마무리 게임**

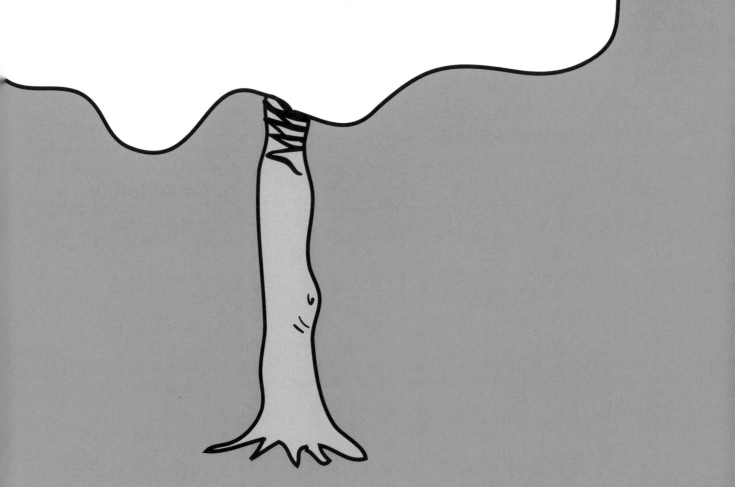

1. 진행자가 어린이들에게 활동의 내용과 방법을 소개한다.

진행자는 프로그램을 시작할 때 참가자들에게 무슨 이야기를 할지 생각한다.(p.22 '전달 사항' 참조)

- 프로그램의 모든 주제에 대해 간단히 설명한다.
- 어린이들에게 궁금한 점을 질문하도록 한다.
- 참가자들이 사전에 알아 두어야 할 주요 사항들을 상기시킨다.(p.23 '주요 사항' 참조)

진행자는 다른 사람의 이야기를 경청하는 일이 매우 중요하다는 점을 강조하고, 그렇지 않을 때 어떤 일이 생기는지 체험할 수 있는 듣지 않기 게임을 해 보도록 권한다.

2. 전체가 함께하는 듣지 않기 게임

진행자는 참가자들에게, 각자 지난주에 있었던 일을 생각해 본 후 진행자가 신호를 주면 모두가 동시에 그것에 대해 말하도록 요청한다.

돌아가면서 이야기하기

- 아무도 듣지 않는 상황에서 말을 하는 느낌이 어떠했나?
- 말하기가 어려웠나?
- 다른 사람들 말이 들렸는가?

3. 짝을 지어 하는 듣기 게임

진행자는 어린이들에게 이제 듣기 게임을 할 것이라고 말한다. 듣는 사람은 상대방의 이야기를 그대로 반복해야 하므로 주의 깊게 듣고 기억해야 한다는 점을 강조한다. 어린이들은 짝을 지어 누가 1번을 하고 누가 2번을 할지 정한다. 진행자가 신호를 보내면 1번이 지난주에 있었던 일에 대해 이야기를 시작하고 2번은 잘 듣는다. 1분 후 진행자가 멈추라는 신호를 하면 2번은 짝꿍이 한 말을 그대로 반복한다. 역할을 바꾸어서 2번이 이야기를 하고 1번이 잘 듣는다.

- 말하기가 쉬웠는가?

- 듣기가 어려웠는가?

- 상대방이 한 말을 전부 그대로 전달할 수 있었는가?

참고 진행자는 다른 사람이 내 이야기를 잘 듣고 이해해 주는 것이 우리에게 얼마나 중요한지에 대해 설명하고, 다른 사람 얘기를 들어 주고 도움이 될 때 기분이 좋고, 우정이 쌓이고, 새로운 것을 배우게 된다고 이야기한다.

4. 자기 의견을 말할 권리

진행자는 다음을 어린이들에게 말해 준다.

- 모든 의견이 소중하며,

- 다른 사람들과 의견이 다르더라도 자신이 생각하는 것을 표현할 권리가 있고,

- 자기 의견을 지키고 다른 사람들에게 명확하게 전달하는 일이 중요하다.

진행자가 칠판에 길이가 같은 선을 2개 그린다. 두 번째 선은 첫 번째 선의 오른쪽 조금 아래에서 시작한다.(아래 그림 참조) 그런 다음 이렇게 말한다. "여기 선이 두 개 있는데, 제가 보기에는 아래에 있는 선이 위에 있는 선보다 더 긴 것 같아요. 여러분 생각은 어때요?"

어린이들이 아래 선이 더 길다는 데 동의하면, 동의하기 전에 먼저 확인해 보는 것이 얼마나 중요한지 주의를 환기시킨다. 그리고 이 경우에는 두 선의 길이를 재서 확인한 다음 길이가 같은지 아닌지 판단할 수 있다고 말한다. 어린이들이 아래 선이 더 길다는 말에 동의하지 않으면 왜 그렇게 생각하는지 물어보고, 실제로 길이를 확인해 보는 것이 진행자의 의견을 바꾸는 데에도 도움이 될 것이라고 말한다.

5. 다른 사람의 의견 존중하기

- 자기 의견과 다르다는 이유만으로 다른 사람의 의견을 무시하지 말고,

- 다른 이유가 무엇인지를 이해하려고 노력하면서

- 자신의 생각을 다시 돌아본다.

진행자는 A4 종이에 숫자 6을 크게 쓴 다음 바닥에 놓는다. 그런 다음, 참가자 중 2명을 불러서 한 명은 6을 보고 서게 하고, 다른 한 명은 9를 보고 서도록 한다. 두 사람에게 각각 어떻게 보이는지 물어본다. 이제 전체 참가자들에게 누가 옳은지 물어본다.

돌아가면서 이야기하기 누가 옳습니까? 왜 그렇게 생각합니까?

진행자는 다음을 알려 준다.

- 두 사람이 이 문제를 두고 싸울 수도 있고,
- 상대방 입장에서 이해할 수도 있다. 서로 이해하면 두 사람 모두 새로운 것을 배울 수 있고 싸울 일은 없을 것이다.

상대방이 동의하지 않을 때에는

- 상처 주는 말을 하지 않도록 조심하면서,
- 상대방의 사고방식을 이해하는 데 도움이 되는 질문을 한 다음,
- 자신이 왜 동의하지 않는지 그 이유를 설명한다.

6. 사생활에 관한 권리

타인의 사생활을 존중하고, 워크숍이 끝난 뒤에 뒷이야기를 하지 말도록 당부한다. 뒷이야기는 남에게 상처를 주고, 친구들 사이의 분위기를 나쁘게 할 수 있기 때문이다.

7. 마무리 게임

어린이들에게 아는 게임이나 좋아하는 게임이 있으면 진행자와 다른 참가자들에게 가르쳐 달라고 부탁한다.

나 자신을 알기(자아 정체성)

워크숍 개요

1. 서로 알아 가기

2. **변신 게임:** 여러분이 동물이라면 어떤 동물이 되고 싶습니까?

3. 나를 독특하게 만들어 주는 것은 무엇입니까?

4. 나만의 배지(badge) 만들기

5. 배지 달고 돌아다니기

워크숍 목표

• 자기를 알고, 자신의 특징, 남과 다른 점과 비슷한 점을 파악한다.

• 상상력을 키운다.

• 자기 생각을 다른 사람과 나누도록 격려한다.

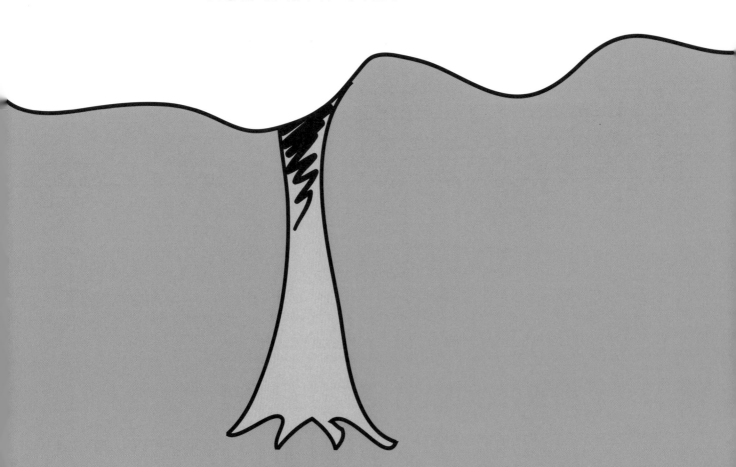

1. 서로 알아 가기

자기 이름(이 모임에서 사용하고 싶은 이름)과, 즐겨 하는 일이 무엇인지 말해 보세요.

("제 이름은 X이고 저는 …하기를 좋아합니다.")

옆에 앉은 사람은 앞 사람 말을 그대로 반복한 다음, 자기 말을 덧붙입니다.

("X는 …하기를 좋아합니다. 제 이름은 Y이고 저는 …하기를 좋아합니다.")

2. 변신 게임

여러분이 동물이라면 어떤 동물이 되고 싶습니까? (생각할 시간을 준다.) 왜 그런가요?

그 동물의 어떤 점이 좋습니까? 잠깐 생각할 시간을 가진 다음, 돌아가면서 이야기한다.

"저는 …가 되고 싶습니다. 왜냐하면…."

3. 나를 독특하게 만들어 주는 것은 무엇입니까? 내가 아는, 나만의 특징은 무엇입니까?

돌아가면서 이야기하기 그것은 왜 독특한가?

4. 나만의 배지(badge) 만들기

그 안에는 자기 이름과 고유한 특징을 보여 주는 내용이 들어간다. 자신을 나타내는 표시나 그림 또는 상징 등을 넣을 수 있다. (어린이들이 이용 가능한 모든 재료와 색깔을 이용해서 자신만의 모양과 크기, 색깔, 언어를 찾도록 격려한다.)

돌아가면서 이야기하기 각자가 만든 배지를 보여 주고 설명한다.

5. 배지 달고 돌아다니기 방 안을 돌아다니면서

- 다른 사람들에게 자기를 소개하고,
- 다른 사람의 배지를 보면서 어떤 점이 마음에 드는지 말해 준다. (배지를 착용할 수 있게 옷핀이나 테이프를 준비한다.)

WORKSHOP

03

우리 자신을 사랑하자
(나는 누구인가)

워크숍 개요

    1. 돌아가면서 이름 말하기

    2. 자신에 대해 긍정적으로 생각하기

    3. 숨은 쪽지 찾기 게임

    4. 뽐내며 걷기

    5. **자신에 대한 부정적인 생각:** 자신의 어떤 점이 마음에 들지 않나요?

    6. 변환 게임

    7. **주변 사람에게 긍정적인 메시지 주기:** 서로 칭찬합시다!

워크숍 목표

    • 자신에 대해 긍정적인 태도를 가지도록 격려한다.

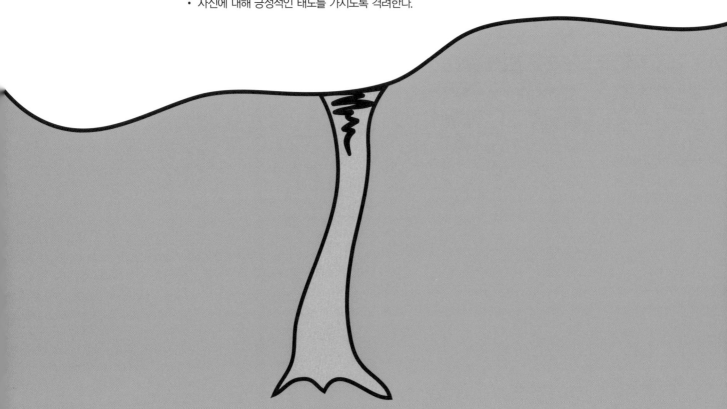

1. 돌아가면서 이름 말하기

자기 이름을 부드럽고 따뜻하게 불러 봅시다.

2. 자신에 대해 긍정적으로 생각하기

자기 특징 가운데 가장 소중한 것 세 가지를 생각해 보세요. 쪽지에 적고, 마치 광고하는 것처럼 그림으로 장식해 보세요.

3. 숨은 쪽지 찾기 게임

그 쪽지를 자기 몸 어딘가(머리카락이나 옷깃 아래 등)에 숨기세요. 잠깐 교실 밖으로 나가서 숨겨도 됩니다.

쪽지를 다 숨기고 나면, 교실을 돌아다니면서 숨긴 쪽지를 누가 많이 찾나 게임을 한다. 쪽지를 찾으면, 그 쪽지의 주인에게 미소를 지으며 "아, 너는 …(누구)구나."라고 말하고, 쪽지에 적힌 내용을 소리 내어 읽으라고 한다. 이어서, "축하해!"나 "만나서 반가워!"라고 말하거나 쪽지에 적힌 내용을 칭찬해 주라고 한다.

4. 뽐내며 걷기

쪽지를 다시 몸에 붙이세요. 이번에는 다른 사람들이 볼 수 있도록 눈에 잘 띄는 곳에 붙이고 뽐내듯이 걸어봅니다.

돌아가면서 이야기하기

· 자기 특징을 숨기는 것과 뽐내면서 걷는 것 중 어느 쪽이 더 쉬웠습니까?

· 이 게임은 어떤 점이 좋았습니까? 어떤 점이 좋지 않았습니까?

5. 자신에 대한 부정적인 생각

자신의 어떤 점이 마음에 들지 않나요? 자기 특징 가운데 좋아하지 않는 것 하나를 종이에 적어 보세요.

돌아가면서 이야기하기 자신의 어떤 점이 마음에 들지 않나요?

6. 변환 게임

우리가 좋아하지 않는 것을 좋아하는 것으로 바꾸는 방법을 알아봅시다. 여러분이 종이
에 쓴 것을 어떻게 긍정적인 것으로 바꿀 수 있을까요?

돌아가면서 이야기하기 자신의 마음에 안 드는 점들을 어떻게 바꾸었는가?

진행자의 설명 가끔 자신의 이런저런 모습을 남에게 보이고 싶지 않을 때가 있습니다. 부
모님과 선생님들도 대체로 여러분의 안 좋은 점은 말씀하셔도 좋은 점에 대해서는 말씀

을 안 하세요. 왜냐하면 말하지 않아도 여러분이 당연히 알고 있으리라고 생각하시기 때문이지요. 하지만 나와 다른 사람의 좋은 면을 말하는 것은 우리가 먹는 음식만큼이나 중요합니다. 그것은 '우리의 배터리를 충전하는 것'과 같습니다.

7. 주변 사람에게 긍정적인 메시지 주기 서로 칭찬합시다!

원쪽에 앉은 사람에게 긍정적인 말을 해 줍시다. 그 사람의 어떤 점을 좋아하는지 말해 주세요. (돌아가면서 한 사람씩 차례로 말한다.)

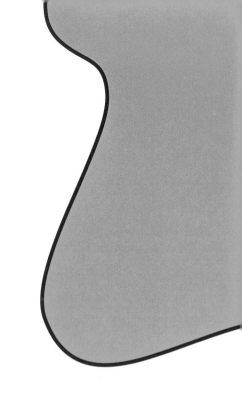

나의 쉼터(이완 기법)

워크숍 개요

1. **돌아가면서 이름 말하기**

2. **점점 빨리 이름 말하기**

3. **점점 느리게 이름 말하기**

4. **이상적인 쉼터**(이완 기법 시범)

5. 상상 속 나의 쉼터를 그려 보세요.

6. **짝을 지어 하는 신뢰 게임:** 시소

워크숍 목표

- 기분 좋은 기억을 떠올린다.

- 긴장을 푸는 법을 배운다.

- 상상력을 키운다.

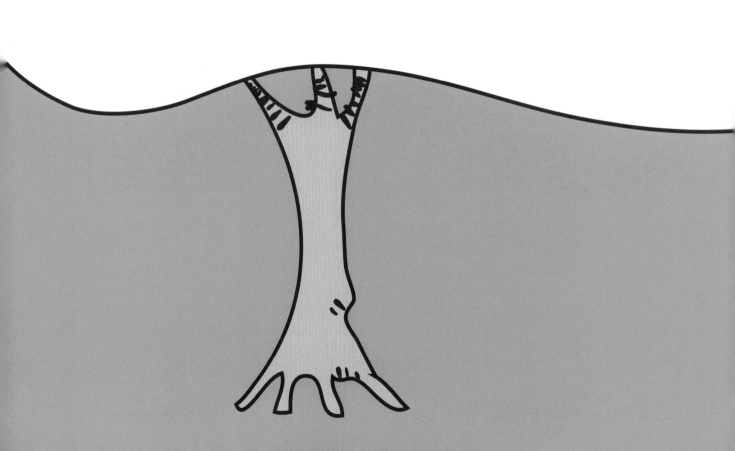

1. 돌아가면서 이름 말하기

한 사람이 작은 목소리로 이름을 말하면, 다음 사람은 큰 소리로 말하고, 그다음 사람은 다시 작은 목소리로 말하는 식으로 이어 간다.

2. 점점 빨리 이름 말하기

진행자가 먼저 자기 이름을 천천히 말한다. 그 옆에 앉은 어린이는 그보다 약간 빨리 이름을 말한다. 이렇게 차례로 점점 더 빨리 이름을 말한다. 원을 다 돌 때쯤이면 속도가 아주 빨라지게 된다.

3. 점점 느리게 이름 말하기

처음에는 아주 빠른 속도로 시작해서 서서히 속도를 늦추어 간다.

4. 이상적인 쉼터(이완 기법 시범)

연습을 시작하기 전에 다음과 같이 간단하게 요령을 설명한다.

- 이제 마음속으로 여행을 떠날 것이다.
- 긴장을 풀고 상상 연습을 할 것이다.
- 눈을 감고, 억지로 상상하려고 하지 말고, 자연스럽게 이미지가 떠오르게 한다.
- 아름다운 것을 경험할 수 있도록 조용히 주의를 기울인다.
- 생각이 다른 곳으로 가면 그 생각이 어디로 가는지 따라가 본 다음, 이완 연습을 계속한다.
- 혹시 재미없는 일이 떠오르면 언제든지 눈을 뜨고 원하는 대로 상황을 컨트롤할 수 있다.

진행자가 말하는 것을 어린이들이 충분히 마음속으로 느끼면서 따라올 수 있도록 천천히, 자주 쉬면서 말한다.

이완하기

a. 편안하게 앉으세요. 발은 바닥에 놓고. ⋯ 팔의 힘을 빼고, 손바닥은 무릎 위에 올려 놓습니다. ⋯ 머리가 편한 자세를 찾아보세요. ⋯ 어깨의 긴장을 풉니다. 천천히 ⋯ 편안 하게 ⋯ 가장 편한 자세를 찾아보세요.

b. 정면을 바라보다가 반쯤 눈길을 올려 보세요. ⋯ 머리를 들지 말고 눈만 듭니다. 한 점 에 집중하다가 눈이 피곤해지면 스르르 감으세요.

c. (15초 후에 진행자는 중간 중간 쉬며 다음과 같이 말한다.) 눈을 감으세요. ⋯ 숨을 편 안하고 고르게 쉬어 보세요. ⋯ 숨을 들이쉬면서 하나, 둘, 셋을 세고, 숨을 내쉬면서 하 나, 둘, 셋을 셉니다. 숨을 내쉴 때마다 모든 고민도 밖으로 나가서 내가 편안해진다고 상 상합니다. 그리고 "아, 편하다!"라고 말해 보세요.

d. 지금 여기에서 그렇게 느껴 보세요. 우리는 이 방에 있습니다. 모든 소리를 들어 보세 요. 처음에는 가까운 곳에서 나는 소리를 듣고, 그다음에 먼 곳의 소리를 듣습니다. (2 초) 이 소리들이 한데 뭉쳐서 여러분의 머리 주위에 둥근 빛으로 후광을 만들어 여러분 을 보호합니다. 새로운 소리가 들릴 때마다 이 둥근 빛의 후광이 흡수합니다. 어떤 소리 도 여러분을 방해하지 않습니다. (2초) 갑자기 큰 소리가 들리면 그 소리에 이름을 붙여 보고, 나를 감싸서 보호해 주는 둥근 빛 후광 속으로 들어오게 합니다.

e. 머리끝부터 편안함이 작은 파도처럼 밀려와 몸을 감쌉니다. 마음이 차분해지고 긴장 이 풀립니다! (5초)

f. 이 편안함의 작은 파도가 퍼져 가는 것을 느껴 보세요. 긴장이 서서히 사라지고, 몸 전 체가 편안하게 풀어지는 것을 느껴 보세요. 머리, 눈꺼풀, 얼굴, 목, 어깨, 가슴, 등, 팔, 손, 배, 엉덩이, 다리, 발, 발가락, ⋯. 편안함이 밀려와 몸을 완전히 감싸서 몸이 아주 편안해 집니다. (5초 후 상상 여행으로 넘어간다.)

진행자가 인도하는 상상 여행

a. 자, 이제 이렇게 편안하게 보호를 받으면서 여행을 떠납니다. 여러분은 제 목소리를 따 라 자기가 가장 좋아하는 것과 원하는 것을 상상할 거예요. 제가 하는 말이 방해가 되 면 그냥 자신의 생각 흐름대로 따라가세요.

b. 시골에 와 있다고 상상해 보세요. 여러분은 부드럽고 따뜻한 흙을 밟으며 천천히 지나 갑니다. 걸어도 되고, 뒹굴며 가도 되고, 공중에 떠가도 됩니다. ⋯ 여러분이 원하는 식으

로 갑니다. 소리를 들어 보세요. 먼저 가까운 곳에서 나는 소리를 듣고, 이어서 먼 곳의 소리를 듣습니다. 바람 소리일 수도 있고, 빗소리나 새의 노랫소리, 물소리, … 색깔과 빛을 느껴 보세요. 아름다운 색이 마음을 편안하게 해 줍니다. … 앞으로 계속 나아가는데 가벼운 산들바람이 얼굴과 손, 온몸을 부드럽게 쓰다듬듯이 스쳐 지나갑니다. 또 다른 것들도 몸에 와 닿습니다. 내가 좋아하는 빗방울, 눈송이, 햇빛도 몸에 느껴집니다. 몸을 편안하게 하세요. … 자 이제 냄새를 맡습니다. 흙냄새, 풀 냄새, 나무 냄새, …, 그 냄새들을 깊이 들이마시면서 아주 편안하게 계속 가고 있습니다. 주변으로부터 받는 모든 기분 좋은 감각들을 느끼면서 가고 있습니다. (5초) 이렇게 안전하게 보호받으면서 편안한 상태로 나만의 쉼터에 도착합니다. 이곳에서는 여러분에게 평온과 만족을 주는 것은 모두 원하는 순간에 바로 나타납니다. 여러분은 천천히 자기만의 쉼터를 그곳에 만들기 시작합니다. (10초) 좋아하는 것을 모두 여기로 가져와 보세요. (5~6초) 편안하게 주변을 둘러보세요. 색깔을 보고 … 빛 … 모양 … 촉감 … 냄새를 느껴 보세요. (잠시 말을 멈춘다.) 그 모든 것이 … 둥근 빛의 후광처럼 … 여러분을 둘러싸고 보호하고 있습니다. (5초) 이제 천천히 돌아올 준비를 하세요. 그리고 준비가 되면 눈을 뜨고 싶을 때 눈을 뜨고 이 방으로 다시 돌아오세요. 눈을 뜨세요. 일어서서 팔, 다리 스트레칭을 하고 싶으면 하세요.

5. 상상 속 나의 쉼터를 그려 보세요.

선과 모양, 색을 이용해서 어디에 있었는지, 어떻게 느꼈는지, 무엇을 보고 경험했는지 표현해 보세요. 어떻게 그리느냐는 중요하지 않습니다. 여러분에게 무언가 의미가 있다는 것이 중요해요. 자기만의 상징을 찾아보세요. 그런 다음, 그림에 제목을 붙여 보세요. (제목은 자신의 경험을 최대한 간결하게 표현하는 것으로 한다.)

돌아가면서 이야기하기

- 여러분만의 상상 속 쉼터는 어디입니까?
- 느낌이 어땠습니까?
- 언제 가장 편하게 느꼈습니까?
- 무엇이 그런 느낌을 갖게 해 주었습니까?
- 그곳의 이름은 무엇입니까?
- 왜 그렇게 이름 지었습니까?

6. 짝을 지어 하는 신뢰 게임 시소

두 명씩 짝을 지어 손목을 잡고 동시에 앉았다 일어서기를 두 번 정도 한다. (진행자는 돌아다니면서 필요하면 도움을 준다.)

시간 여행(자기 연속성)

워크숍 개요

1. **돌아가면서 이름 말하기:** 이름 거꾸로 말하기

2. **오늘에 제목 붙이기**

3. **시간 여행**

4. **즐거운 기억**

5. **신뢰 게임**

워크숍 목표

- 어린이들이 자신의 발달 단계를 인식하고, 서로 다른 점과 같은 점에 대해 알게 된다.

- 삶에서 중요한 순간(기분 좋았던 때와 불쾌했던 때)을 알아차린다.

- 행복한 기억을 되살린다.

- 자신과 다른 사람들에 대해 긍정적인 감정과 태도를 가진다.

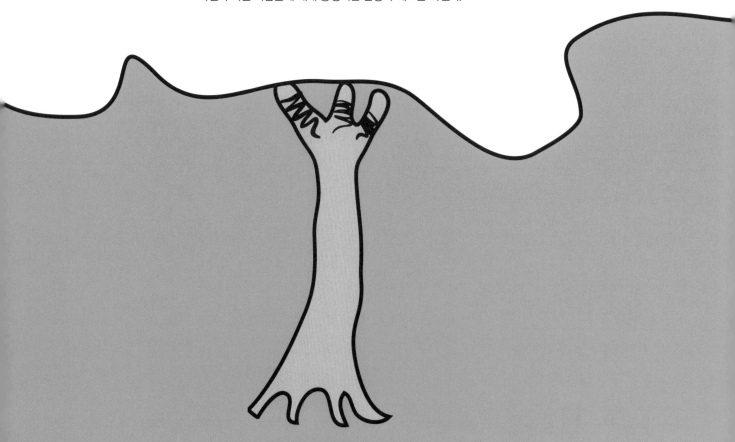

1. 돌아가면서 이름 말하기

이름을 거꾸로 말한다(예: 하지민-민지하).

2. 오늘에 제목 붙이기

눈을 감고 오늘 아침 일어난 순간부터 지금까지 있었던 일을 영화를 보듯 떠올려 보세요. 어디에 갔고, 무엇을 했고, 무엇을 경험했고, 어떻게 느꼈는지 기억해 보세요. 자, 이제 눈을 뜨세요. 오늘이 영화 대본이었다면 그 영화의 제목은 무엇일까요? '이상한 나라의 앨리스'처럼 자기 이름을 넣어서 제목을 붙여 보세요. (오래 생각하지 말고 가장 먼저 떠오른 제목을 말하라고 권한다.)

돌아가면서 이야기하기 제목을 들어 봅시다! 왜 그 제목을 선택했나요?

3. 시간 여행

이제 먼 과거로 여행을 떠날 겁니다. 타임머신에 올라탑니다. 눈을 감고 자신의 어린 시절로 향하는 여행을 시작합니다. 가장 어린 시절로 가 보세요. (잠시 말을 멈춘다.) 자, 다음과 같은 점들에 주의를 기울여 보세요.

• 여러분은 어떻게 움직이나요?(한 방향으로, 세부 사항은 생략하면서, 천천히.)
• 여러분은 어디에서 멈추나요? (잠시 말을 멈춘다.)
• 어느 시기에 여러분이 변했다고 생각하나요? 혹은 언제 변하지 않았다고 생각하나요?
  (잠시 말을 멈춘다.)

이제 눈을 뜨세요. 여러분의 여행을 선으로 표현한다면 어떤 모양의 선으로 그리겠습니까? 나의 삶을 선으로 그려 보세요. 나에게 맞는 모양과 색깔, 상징을 선택하세요. (잠시 말을 멈춘다.) 그림에서 중요하다고 생각되는 장소에 표시를 해 보세요. (잠시 말을 멈춘다.) 느낌이 좋았던 모든 장소에 자신의 상징을 이용해서 표시를 해 보세요. 불쾌하고 고통스러웠던 장소는 다른 상징으로 표시합니다. 만약 이 그림이 영화 대본이라면 어떤 제목을 붙이고 싶은가요? 그림에 그 제목을 붙이세요.

돌아가면서 이야기하기 각자 자기 그림을 보여 주고 제목을 간단히 설명한다.

진행자의 설명 우리는 대체로 행복했던 순간보다 불행했던 순간을 더 잘 기억합니다. 그러면 과거가 어둡게 보일 뿐 아니라 미래까지도 그렇게 보게 됩니다. 하지만 우리는 즐거운 경험에서 힘을 얻습니다. 바로 그렇기 때문에 긍정적인 면을 보려는 마음가짐이 필요한 것이지요.

4. 즐거운 기억

자기 그림에서 가장 즐거웠던 순간, 삶에서 가장 큰 기쁨을 느꼈던 순간에 집중해 보세요. 눈을 감고 즐거웠던 순간의 느낌을 몸으로 다시 느껴 보세요. 그때 상황을 자세하게 떠올려 보세요. 그 느낌을 지금 여기서 몸속 깊이 느껴 보세요! (잠시 말을 멈춘다.)

돌아가면서 이야기하기 몸동작으로 그 느낌을 보여 주세요. 무엇이 그렇게 즐겁게 해 주었는지 말하고 싶은 사람은 해 보세요.

5. 신뢰 게임

일어나서 스트레칭을 합시다. 오랫동안 앉아 있었기 때문에 운동이 좀 필요해요. 이렇게 하면 재미있을 것 같아요. 먼저, 짝을 짓습니다(A와 B). 그런 다음, A는 눈을 감고, B는 A의 어깨에 손을 얹은 다음 A를 데리고 방 안 여기저기로 돌아다닙니다. B는 어디든 원하는 대로 갈 수 있지만, 말없이 해야 합니다. B는 A가 다른 사람이나 물건에 부딪히지 않고 재미있게 걸을 수 있도록 노력합니다. 말없이 해 보세요. 더 재미있어요.

(참가자들이 말하지 않고 어떻게 데리고 다니느냐고 질문하면 이렇게 답한다.) "손으로 말하는 방법을 찾아보세요. 직진, 정지, 왼쪽으로, 오른쪽으로 등을 손으로 표현해 보세요."

잠시 후 제가 신호를 보내면 역할을 바꿉니다.

돌아가면서 이야기하기

• 두 가지 역할을 해 보면서 어떻게 느꼈습니까?

• 어느 역할이 더 즐거웠습니까?

참가자들이 원형으로 둘러앉아서 걷는 동안 어떤 느낌이 들었는지, 길을 인도하는 짝을 신뢰하고 있었는지 등, 자신의 경험에 대해 이야기한다.

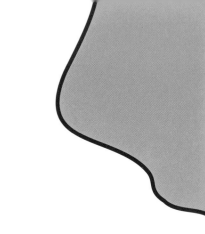

느낌 표현하기

워크숍 개요

   1. 방 안 돌아다니기

   2. 몸의 말(body talk)

   3. 느낌의 동그라미

워크숍 목표

- 자신의 감정적 경험을 알아차린다.
- 느낌과 욕구의 연관성을 알게 된다.
- 얼굴 표정에서 드러나는 감정을 관찰한다.

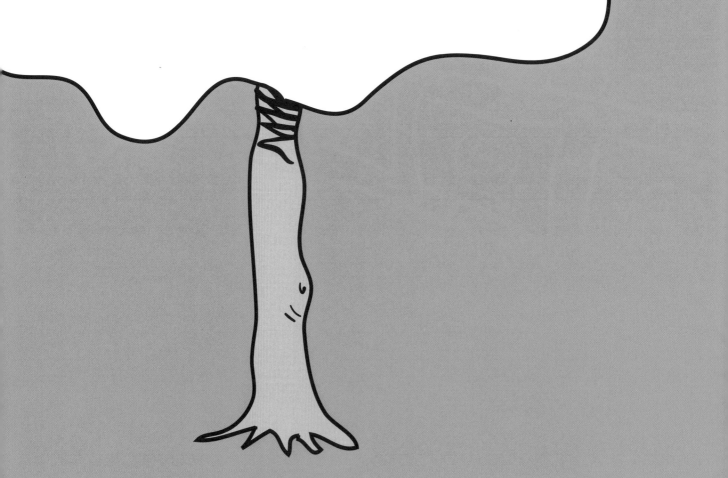

1. 방 안 돌아다니기

어린이들이 일어나 둥글게 둘러선다. 진행자는 다음과 같은 말로 행동을 안내한다. 제가 신호를 보내면 여러분은 방 안을 걷기 시작합니다. 자기가 걸어갈 길을 지금 생각해 보세요. 그다음, 피곤해졌다고 상상합니다. 여러분은 피곤할 때 어떻게 걷나요? 자, 이제 그렇게 걸어 보세요. 피곤해진 것처럼. …(30초) 이제 화가 난 것처럼 해 보세요. …(30초) 이번에는 겁이 난 것처럼. …(30초) 이제는 슬픕니다. …(30초) 이제는 우스꽝스럽게 걸어 보세요. …(30초) 이제는 즐겁습니다. …(30초)

참고 불안 신호를 몸으로 나타내는 어린이가 있는지 눈여겨본다. 걷는 동안 몸이 계속 뻣뻣하게 굳어 있거나 주먹을 꽉 쥐고 있거나 여기저기 긁거나 손가락을 빠는 어린이들이 있는지 잘 살핀다.

다시 둥글게 둘러앉는다.

2. 몸의 말(body talk)

어린이들을 5개의 '연구'팀으로 나눈다. 각 연구팀은 하나의 느낌을 선택해서 그 느낌에 대해 연구한다. 어떤 느낌을 선택하느냐는 진행자나 어린이들의 결정에 따라 무작위로 (상자에 든 느낌 카드를 뽑는 식으로) 정할 수도 있다. '몸의 말(body talk)'로 세세하게 묘사하는 것이 과제이다.(그리고 그림으로 그린다.) '몸의 말'이란 피곤할 때, 무서울 때, 슬플 때, 화날 때, 기쁠 때, 사랑할 때 그것을 드러내는 몸의 신호들을 말한다. 재미있지만 사실적이어야 한다는 것을 어린이들에게 말해 준다. 각 연구팀은 2분씩 연구하고 연구 결과를 발표할 대표를 정한다. 대표들이 연구 결과를 발표한다.

3. 느낌의 동그라미

눈을 감고 지금 여러분의 느낌에 귀를 기울여 보세요. 지난 며칠 동안 느꼈던 나의 모든 감정들이 하나의 동그라미 안에 있다고 상상해 보세요. 그 느낌들은 각각 어떤 색이고,

원 안 어디에, 어느 정도의 공간을 차지하고 있습니까? 그 느낌들에 맞는 선과 색깔, 모양을 이용해서 표현해 보세요.

어린이들이 그림을 그리는 동안 진행자는 이렇게 질문한다. 그 동그라미는 어떻게 생겼나요? 경계선들이 분명한가요, 아니면 흐릿한가요? 눈에 띄게 큰 부분을 차지하는 느낌이 있나요?

진행자의 설명 느낌은 우리에게 아주 중요한 것, 즉 우리의 욕구에 대해서 무언가를 알려주는 메신저입니다. 우리가 원하는 욕구가 충족되면 기분이 좋아집니다. 그렇지 않으면 불쾌한 느낌을 가지게 되지요. 느낌은 우리가 진정으로 원하는 욕구를 알아차리고 그것을 충족시키기는 데 필요한 행동을 하도록 돕는 역할을 합니다.

과제 이제 동그라미 안에 적어 넣은 모든 느낌들이 나에게 어떤 욕구에 대해 이야기하고 있는지 느낌과 욕구를 연결해 보세요.

돌아가면서 이야기하기

• 여러분의 느낌 동그라미 안에는 무엇이 있습니까?

• 그러한 느낌과 욕구는 어떤 관계에 있습니까?

• 어떤 욕구가 충족되고, 충족되지 않았습니까?

• 느낌은 어떻게 변합니까? 서서히 변합니까, 갑자기 변합니까?

• 느낌은 무엇에 따라 달라집니까?

느낌으로 소통하기

워크숍 개요

1. 느낌의 거울

2. 등으로 느낌 전하기

3. 말로 느낌 전하기

4. 느낌과 욕구의 관계

5. 신뢰 게임: 몸 흔들기

워크숍 목표

- 자신의 감정적 경험을 알아차린다.
- 느낌과 욕구의 연관성을 알게 된다.
- 느낌을 전달하는 다양한 방법을 배운다.
- 자기의 느낌을 표현할 용기를 북돋운다.

1. 느낌의 거울

둘씩 짝을 짓고 A와 B를 정한다. A는 얼굴 표정을 바꾸면서 다양한 느낌을 표현한다. 그러면 B는 거울이 된 것처럼 A의 모습을 똑같이 보여 준다. 1분 후에 역할을 바꾼다.

주의 손이나 몸의 다른 부분은 쓰지 말고 얼굴 표정만 바꾸어야 한다는 점을 강조한다.

돌아가면서 이야기하기

- 두 역할을 해 보면서 어떻게 느꼈나요?

- 무엇이 좋았고, 무엇이 좋지 않았나요?

- 느낌을 표현하기와 따라 하기 가운데 어느 쪽이 더 어려웠습니까?

진행자의 설명

- 이 연습은 얼굴 근육 운동으로 좋을 뿐 아니라, 느낌을 표현하는 데 얼마나 많은 근육이 쓰이는지 알게 해 줍니다.

- 얼굴로 얼마나 많은 표정을 만들 수 있는지, 그래서 우리 삶이 얼마나 풍성해지는지 알 수 있게 해 주는 활동입니다.

- 자기 얼굴 표정에 대해 더 잘 알게 될 뿐 아니라, 다른 사람들이 보내는 신호도 더 예민하게 읽을 수 있게 됩니다.

2. 등으로 느낌 전하기

두 사람이 등 전체가 맞닿게 앉는다. A는 오로지 등만 가지고 B에게 자신의 느낌을 전달한다. 전달이 끝나면 A는 "끝!"이라고 말한 뒤, B에게는 안 보이게 자신이 어떤 느낌을 전했는지 적는다. B는 A가 전달한 느낌을 추측해서 종이에 적는다. 그런 다음, A는 3가지 다른 느낌을 추가로 골라 하나씩 전한다. 어떠한 느낌을 고르든 상관없고, 어떠한 방식으로 표현해도 좋다. A가 4가지 느낌을 모두 전달하면, 둘이 기록한 것을 비교해 본다. 이어서 서로 역할을 바꾸어 같은 연습을 한다.

- 어떤 느낌인지 잘 알아맞혔나요?
- 이 연습을 하면서 어떤 느낌이 들었습니까?

3. 말로 느낌 전하기

3명씩 모둠을 만든다. 각 모둠은 5분 동안 느낌을 나타내는 형용사를 최대한 많이 적는다. 진행자는 '기쁘다', …와 같은 예를 제시한다. 각 모둠에서 한 사람이 나와서 모둠원들이 적은 목록을 발표한다.

느낌 목록 발표 진행자는 참가자들이 발표한 모든 형용사와 그 말이 나온 횟수를 칠판에 기록하고, 느낌을 나타내는 형용사가 얼마나 풍부한지를 일깨워 준다. '무시당한 느낌'과 같은 말은 느낌이 아닌 판단을 나타내는 말이라는 점, '웃고 있는'과 같은 말은 느낌보다는 반응을 나타내는 말이라는 점을 알려 주고, 판단이나 반응을 나타내는 말과 느낌을 나타내는 말을 구분해 준다.

4. 느낌과 욕구의 관계

진행자는 유쾌한 느낌은 충족된 욕구와, 불쾌한 느낌은 충족되지 않은 욕구와 연관되어 있다고 설명한다.

진행자가 칠판에 나열된 느낌들이 어떤 욕구와 연관되어 있는지 알아내기 게임을 하자고 제안한다. 어린이들은 각자 추측한 것을 종이에 적는다.

돌아가면서 이야기하기 진행자가 느낌을 표현하는 단어들을 하나씩 읽고, 어린이들은 그 느낌과 연관된 욕구를 무엇이라고 추측했는지 말한다. 진행자는 하나의 느낌에 여러 가지 욕구가 연관되어 있을 수도 있다는 점을 알려 준다.

5. 신뢰 게임 몸 흔들기

3명씩 짝을 짓는다. 두 사람은 얼굴을 마주 보고 서고, 나머지 한 사람은 그 가운데 선다. 마주 보고 선 두 사람은 교대로 가운데에 있는 사람의 어깨를 잡고 부드럽게 민다. 가운데 사람은 눈을 감은 채 양쪽에 선 두 사람에게 몸을 맡긴다. 처음에는 서로 아주 가까이 서서 시작하다가, 서서히 거리를 넓힌다. 하지만 편안하고 안전하게 밀 수 있는 거리를 유지한다.

화(1)

워크숍 개요

1. **돌아가면서 이름 말하기 + 아하!**
2. **화의 경험:** 문장 완성 게임
3. **나를 화나게 하는 것**
4. **몸으로 느끼는 화:** 화를 느끼는 신체 부위 찾기
5. **화와 연결된 욕구 파악하기, 화 가라앉히는 법:** 돌아가면서 이야기하기

워크숍 목표

- 화가 나는 원리를 이해한다.
- 화가 날 상황에서 나와 다른 사람들의 비슷한 점, 다른 점을 알아본다.
- 화를 극복하는 방법을 찾아낸다.

1. 돌아가면서 이름 말하기

- 최대한 큰 소리로 또렷하게 이름을 말하세요.
- 큰 소리로 이름을 말한 다음, 크고 또렷하게 "아하!"라고 외치세요.

2. 화의 경험

진행자가 시작한 다음 문장들을 돌아가면서 빠른 속도로 완성해 간다.

- "저는 …처럼 화가 나요."
- "화가 나면 저는 …(예: 폭발)할 것 같아요."

3. 나를 화나게 하는 것

화가 났던 때를 생각해 내고 그때 여러분을 화나게 한 상황, 사물, 사건 또는 사람을 떠올려 보세요. 누가 거기에 있었고, 여러분은 어디에 있었으며, 그 사람의 얼굴 표정은 어땠는지 등을요.

돌아가면서 이야기하기 여러분을 자극하여 화나게 한 것은 무엇이었습니까?

4. 몸으로 느끼는 화 화를 느끼는 신체 부위 찾기

우리는 모두 때때로 화가 나고 분노도 느낍니다. 눈을 감고, 화가 났을 때 어떻게 느껴졌는지 기억해 보세요. 몸의 반응에 주의를 기울여 보세요. 몸에서 화가 어떻게 느껴졌나요? 몸의 어느 부분에서 화가 시작되었고 어떻게 퍼져 나가서 어디에서 끝났나요?

자기 몸의 윤곽을 그린 다음 화의 지도를 그려 보세요. 어디에서 시작해서 어떻게 퍼져 나갔는지, 알맞은 색을 골라서 화가 얼마나 세게 얼마나 크게 났었는지 표현해 보세요.

돌아가면서 이야기하기 몸의 어디에서 화가 느껴지기 시작해서, 어떻게 퍼져 나가고, 어디까지 갑니까?

참가자들이 자기 그림을 보여 주면서 이야기한다.

5. 화 가라앉히는 법

화가 났을 때 여러분은

- 무엇이 필요합니까?
- 어떻게 자신을 진정시킵니까?
- 무엇을 합니까?
- 마음을 가라앉히는 방법은 무엇입니까?
- 가장 쉽게 내 안의 평화를 되찾는 방법은 무엇입니까?

진행자는 참가자들에게 화가 수그러드는 순간을 설명하게 한다.(그러한 전환점은, 대개는 의식하지 못하지만, 욕구와 연결되는 매우 중요한 순간이다.)

돌아가면서 이야기하기 화와 연결된 욕구, 화 가라앉히는 방법

진행자는 참가자들이 말한 모든 욕구와 방법을 큰 종이에 쓴다. 방법은 "천천히 숨을 쉰다!" "샤워를 한다!"와 같은 짧은 메시지로, 일종의 공식처럼 기록한다.

이 작업이 끝나면 화 가라앉히는 방법들이 나열된 포스터가 완성될 것이다.

화(2)

워크숍 개요

1. 화를 소리로 표현하기
2. 화를 그림으로 나타내기
3. 화나게 만드는 생각들
4. 다른 사람들에게 바라는 점
5. 화가 날 때 어떻게 하면 다른 사람이나 자신에게 상처를 주지 않으면서
   자기표현을 충분히 할 수 있을까요?

워크숍 목표

- 화가 나는 원리를 이해한다.
- 화를 표현할 기회를 가진다.
- 화를 억누르지 않고 극복하는 법을 찾는다.

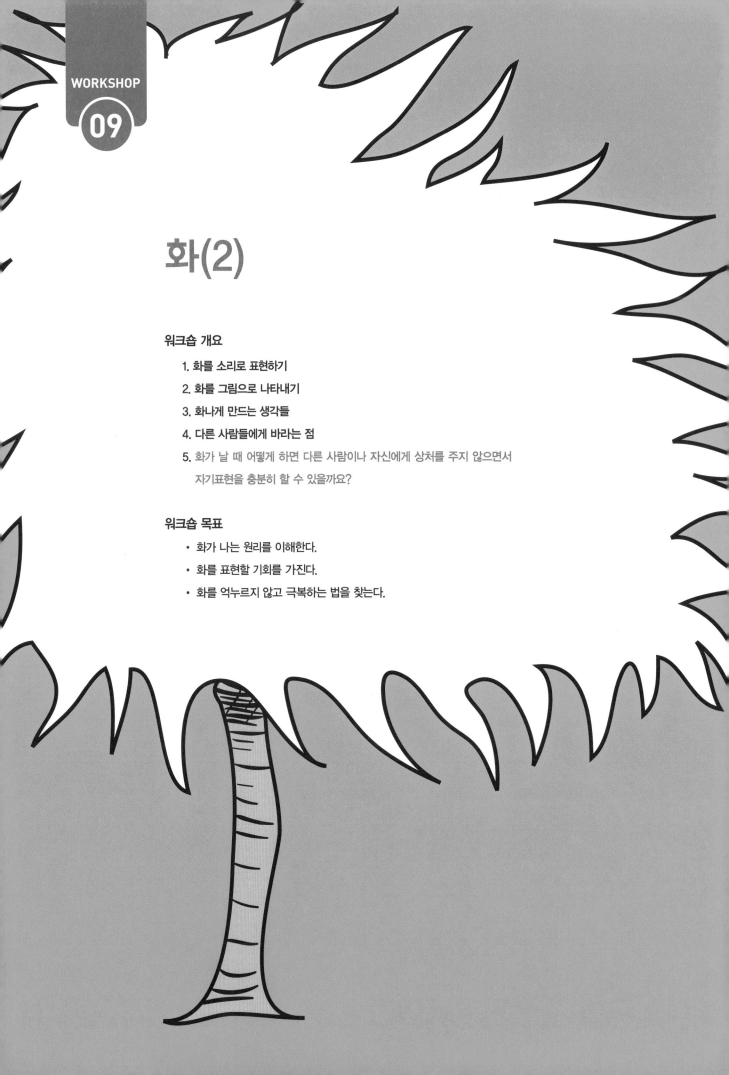

1. 화를 소리로 표현하기

여러분의 화를 가장 잘 나타내는 소리를 찾아보세요. 그것은 "스스스스"나 "그르르르" 와 같은 소리가 될 수도 있습니다. 각자 자기 나름대로 화의 소리를 내면, 모두가 따라 합시다.

2. 화를 그림으로 나타내기

자신의 화를 모양과 색깔, 또는 상징으로 표현해 보세요.

어린이들이 그림을 다 그릴 때까지 기다렸다가 그림에 제목을 붙여 보라고 한다.

돌아가면서 이야기하기 어린이들이 그림을 보여 주고 설명하고 제목을 소개한다. 이어서, 화날 때 생각들이 어떻게 작동하는지 알아낸다.

3. 화나게 만드는 생각들

화가 나기 전에 머릿속에서 어떤 생각이 일어나는지 기억나세요?

돌아가면서 이야기하기

진행자의 설명 우리는 어떤 사람이 우리에게 '그렇게' 해서는 안 된다고 생각할 때, 어떤 일이 부당하거나 나쁘다고 생각할 때 화가 납니다. 우리가 일어나지 않기를 바라는 것에 집중하고, 우리가 무엇을 원하고 어떤 일이 일어나기를 바라는지는 잊어버립니다. 우리가 정말 원하는 것과 그것을 얻는 방법에만 관심을 집중한다면 화는 사라질 것입니다.

4. 다른 사람들에게 바라는 점

- 여러분이 화가 났을 때 다른 사람들이 어떻게 해 주기를 바랍니까?
- 다른 사람들이 어떻게 행동했으면 좋겠습니까?
- 그런데 다른 사람들은 보통 어떻게 행동합니까?

돌아가면서 이야기하기

진행자는 어린이들이 이야기를 할 때 자기 느낌을 전달하고 있는지, 어떻게 전달하고 있는지에 주의를 기울이고 필요하면 도와준다. '나' 메시지와 '너' 메시지의 차이를 강조한다.("너 때문에 내가 …라고 느끼고 있어."가 아니라 "나는 …라고 느낀다."라고 표현하기) 화가 났을 때 '너'로 시작하는 분노의 메시지는 공격한다는 신호이다. 어린이들이 자기가 원하는 것을 명확히 표현함으로써, 다른 사람들이 도울 수 있는 기회를 주고 있는가?

5. 화가 날 때 어떻게 하면 다른 사람이나 자신에게 상처를 주지 않으면서 자기표현을 충분히 할 수 있을까요?

진행자의 설명 화를 다루는 가장 효과적인 방법은 최대한 빨리 '화나게 하는 생각들'에서 충족되지 않은 욕구로 관심을 돌려서 그것을 상대방에게 이야기한 다음, 그 욕구를 충족하기 위해 상대방이 해 줄 수 있는 일을 부탁하는 것이다.

그것이 효과가 없을 때, 어린이들은 다음과 같은 행동을 해 볼 수 있다.

a. 수건을 꽉 비틀어 짠다.

b. 수건이나 손으로 침대를 내리치면서 소리를 지른다.

c. 앉아서 천천히 숨을 쉬면서, 편안함의 파도가 밀려와 머리끝에서 발끝까지 감싸는 상상을 한다.

바로 시도해 볼 만한 화 가라앉히는 방법들도 있다.

d. 낙서하기: 어린이들에게 종이를 주고 화를 마음껏 표현하도록 한다.(나를 화나게 하는 일이나 생각을 그린 다음, 그 위를 마구 문지른다. 그러고는 종이를 구겨서 힘껏 멀리 던져 버린다.)

e. 사자처럼 으르렁거리기: 무릎을 꿇고 앉은 다음, 발가락을 안으로 향하고 손을 무릎 위에 놓는다. 입을 벌리고, 얼굴 근육에서 힘을 뺀다. 혀를 최대한 내밀어서 공기가 폐로부터 조용히 밖으로 나오게 한다. 같은 동작을 반복하는데, 이번에는 사자처럼 폐의 깊은 곳에서 나오는 소리를 지른다.

진행자의 설명 화의 에너지는 우리의 생존에 필요하고 또 중요한 역할을 합니다. 하지만 다른 사람들이나 자신을 파괴하는 데 쓰여서는 안 됩니다. 우리는 그 에너지를 창의적으로 쓰는 방법, 억누르지 않으면서 조절하는 법을 배우는 것이 중요합니다.

긴장을 풀고 에너지를 모으는 연습을 몇 가지 해 봅시다.

① 일어서서 자기의 평소 자세에 주의를 기울입니다. 샤워를 하는 것처럼 손으로 온몸을 쓰다듬으면서 긴장이 느껴지는 부분을 찾아서 만져 봅니다. 스트레스를 받으면 보통 목과 어깨가 뻣뻣해집니다. 목과 어깨가 긴장해 있는 것을 느낄 수 있을 겁니다.

② 눈을 감은 채 천천히 목을 왼쪽으로, 뒤로, 오른쪽으로, 앞으로 돌려 봅니다. 그다음에는 반대쪽으로 돌립니다. 머리가 풍선처럼 가볍다고 상상해 보세요. 눈을 뜨고 이 동작을 반복합니다. 이때 눈은 초점 없이 머리가 움직이는 대로 따라 갑니다.

③ "내 등에서 떨어져!" 연습: 두 발을 나란히 하고 다리를 약간 벌리고 섭니다. 무릎과 배, 엉덩이, 어깨를 편안히 하고, 팔을 자연스럽게 늘어뜨립니다. 숨을 고르게 쉬면서 턱의 긴장을 풉니다. 팔꿈치를 어깨 높이만큼 들어 올리고 팔을 옆으로 쭉 뻗은 다음, 빠르고 세게 뒤로 쳐내면서 "내 등에서 떨어져!"라고 소리칩니다. 목소리로 감정을 표현하면서 이 동작을 몇 차례 반복합니다.

갈등을 건설적으로 해결하기

워크숍 개요

1. 짝을 지어 하는 '응-아니' 게임
2. 갈등
3. 갈등을 건설적으로 해결하기
4. 인간 매듭
5. 비밀 친구

워크숍 목표

- 갈등을 건설적으로 해결하도록 돕는다.
- 공감 능력을 키운다.
- 협동심을 기른다.

1. 짝을 지어 하는 '응–아니' 게임

둘씩 짝을 지어서 A는 계속 "응"이라고 말하면서 상대방도 "응"이라고 말하게 하려고 애쓴다. B는 계속 "아니"라고 말하면서 상대방도 "아니"라고 말하게 하려고 노력한다. A와 B는 모든 비언어적인 수단을 동원하여 자유롭게 설득 전략을 사용할 수 있다. 짝과 마주 보도록 두 줄로 서서 모두가 동시에 말을 한다.

돌아가면서 이야기하기 상대방이 내가 원하는 대로 말하도록 하는 데 성공했는가? 어떻게 했는가?

진행자의 설명 우리는 서로를 이해하기 어려울 때가 있습니다. 왜냐하면 남들이 나와 다른 관점을 가질 수 있다는 것을 받아들이려 하지 않기 때문입니다. 두 사람이 바닥에 쓰인 숫자 6을 볼 때 한쪽에서는 6으로 보고, 반대쪽에 선 사람은 9로 봅니다. 한 사람은 6이라고 하고 다른 사람은 9라고 합니다. 그리고 두 사람 다 자기만이 진실을 말하고 있다고 생각합니다. 서로 자기가 옳다고 고집하다가 싸우기까지 합니다. 그러나 한 사람이 "네 쪽에서는 어떻게 보이는지 내가 한번 볼게!"라는 말만 해도 이 갈등은 해결될 수 있습니다. 그러면 두 사람 모두 전보다 더 많은 것을 알게 됩니다.

2. 갈등

가까운 사람과 갈등이 빚어졌던 상황을 생각해 보세요. 그 사람이 누구였는지, 그 사람이 무슨 말을 했는데 여러분이 화가 났는지, 그리고 여러분은 어떻게 대응했는지 종이에 써 보세요. 그 갈등이 어떻게 끝났는지도 간단히 적으세요.

짧은 연극 대본처럼 갈등의 핵심만 적도록 한다. 이름을 쓰지 않아도 되니까 솔직하게 쓰라고 격려한다. 그런 다음, 상자에 종이를 넣는다.

역할극을 할 2명의 자원자를 정한 다음, 지원자가 상자에서 종이를 한 장 꺼내 종이에 적힌 각본대로 연기를 해 본다.

진행자의 설명 우리의 갈등은 보통 다음 중 하나의 방식으로 끝납니다.

−한쪽이 이기고 다른 쪽이 진다.

−양쪽 모두 진다.

−타협을 해서 양쪽 모두 많이 지고 약간 이기는 식으로 끝난다.

그래서 좋지 않은 감정은 해결되지 않은 채 그대로 남아서 앞으로 다른 갈등의 불씨가 됩니다. 하지만 양쪽 모두가 만족하고 모두가 이기는 새로운 해결책을 항상 찾을 수 있습니다.

3. 갈등을 건설적으로 해결하기

이제 여러분이 종이에 쓴 갈등에 대해서 새롭고 건설적이며 창의적인 해결책을 찾아볼 거예요. 양쪽을 만족시킬 수 있는 해결책을 찾는 것이지요. 우리는 양쪽의 입장을 다 살피고서 '내게도 좋고 상대방에게도 좋은' 해결책을 생각해 볼 겁니다. 두 사람의 욕구를 모두 고려하면서, 두 사람이 모두 만족하도록 하려면 그 사람들이 어떤 말이나 행동을 할 수 있는지를 생각해 볼 것입니다.

진행자가 종이 하나를 뽑아서 소리 내어 읽는다. 어린이들이 짝을 지어서 그 갈등을 건설적으로 해결할 방법을 찾아본 후, 자기들이 낸 해결책을 역할극으로 해 본다.

돌아가면서 이야기하기

- 어떻게 그러한 해결책에 도달했는가?
- 첫 번째 단계는 무엇이었나?
- 어떤 방법을 썼는가?
- 정말 두 사람 모두 만족했는가?

혹시 해결책을 찾는 데 어려움을 겪는 팀이 있으면, 진행자는 갈등을 해결할 수 있는 다른 방법을 생각해 보라고 격려한다. 갈등을 희극적인 상황으로 보고 코미디 대본을 쓴다고 상상해 보라거나, 갈등 당사자들이 동화 속 주인공이라고 상상해 보라고 권한다.

시간이 허락하는 한, 진행자는 새로운 갈등 상황이 적힌 종이를 계속 뽑아서 이 게임을 진행한다. 마지막에 마무리 활동을 하는 데 필요한 10분만 남겨 두면 된다.

4. 인간 매듭

둥그렇게 둘러서서 다 같이 손을 잡는다. 손을 꽉 잡은 채로, 다른 사람의 팔 아래로 들어가는 등 여러 방법으로 몸이 서로 얽히게 해서 아무도 움직일 수 없을 때까지 인간 매듭을 만든다. 이제 손을 잡은 채 매듭을 풀어 본다.

5. 비밀 친구

모두 종이쪽지에 자기 이름을 쓴 다음, 상자에 넣는다. 이제 같은 상자에서 쪽지를 하나씩 뽑아 이름을 조용히 본다. 이름을 뽑은 사람은 이 프로그램의 12회 워크숍 때까지 이름이 뽑힌 사람의 '비밀 친구'(마니또)가 된다. '비밀 친구'란 상대방이 눈치 채지 못하게 몰래 다정한 메시지를 보내거나 작은 선물을 주는 사람이다. 자기 이름을 뽑은 사람은 쪽지를 도로 상자에 넣고 다른 쪽지를 뽑는다.

이성 간의 갈등 중재

워크숍 개요

   1. 시작하는 게임: 어린이들이 제안한다.

   2. 여자아이와 남자아이 사이에 갈등이 생기는 이유: 모둠별로 이야기하기

   3. 탐정 활동

   4. 미로 게임

워크숍 목표

- 갈등 당사자들과 관련된 사실, 느낌, 욕구를 구별하는 법을 배운다.

- 갈등을 중재하는 방법을 배운다.

- 갈등을 건설적으로 해결한다.

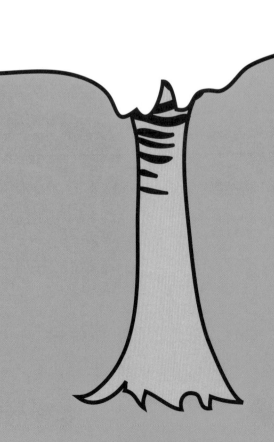

1. 시작하는 게임

어린이들이 게임을 하나 제안한다.

2. 여자아이와 남자아이 사이에 갈등이 생기는 이유

모둠별로 이야기하기 어린이들을 남학생과 여학생 모둠으로 나눈다. 각 모둠은 여학생과 남학생 사이에 갈등이 생기는 이유에 대해 논의한 후 결과를 발표한다.

3. 탐정 활동

지금부터 모두가 만족하는 방식으로 이러한 갈등을 해결하는 법을 찾아볼 겁니다. 여러분 중 몇 사람은 탐정(중재자)이 되고, 나머지는 갈등을 겪는 당사자 역할을 합니다.

역할극 남학생과 여학생 간의 갈등

참가자들을 남학생, 여학생, 중재자/탐정 각 1명으로 구성된 모둠으로 나눈다. 각 모둠의 남학생과 여학생은 다루어 보고 싶은 갈등 상황을 하나 선택해서 2~3분 동안 역할극을 한다. 중재자/탐정은 조용히 듣는다.

진행자는 중재자/탐정에게 다음과 같이 설명한다.

이때 탐정이 할 일은 누가 옳고 누가 그른지, 누가 실수를 했고 누가 벌을 받아야 하는지를 알아내는 것이 아닙니다. 탐정은 어떤 일이 일어났는지를 명확히 하고, 무엇 때문에 갈등이 시작됐는지, 그리고 두 사람이 어떻게 느끼며 어떤 욕구를 가지고 있는지를 조사할 따름입니다. 탐정은 사건을 해결하는 데 '탐정 수첩'(**p.67, 부록 1**)을 이용합니다.

진행자는 '탐정 수첩' 포스터를 보여 주고, 탐정 역할 중 한 가지의 시범을 보인다.

이제 탐정이 갈등 당사자인 두 사람에게 차례로 물어본다.

1. 무슨 일이 일어났고, 무엇 때문에 갈등이 시작되었나요? 사실을 말해 주세요!

   남학생: 나보고 바보라고 했어요!

   여학생: 얘가 내 지우개를 가져갔어요!

2. 그때 느낌이 어땠나요?

　　남학생: 화가 났어요!

　　여학생: 나도 화가 났어요!

3. 무엇을 원했나요?

　　남학생: 내가 지우개가 필요하니까 지우개를 빌려 주기를 바랐어요. 그리고 욕하지 말
　　　　　고 좋은 말로 하면 좋겠어요!

　　여학생: 그냥 집어 가지 말고 나한테 빌려 달라고 부탁하기를 바랐어요.

4. 좋아요. 어떻게 하면 두 사람 다 만족할 수 있을까요? 방법을 제안해 보세요.

　　남학생: 나한테 지우개를 빌려 줄 마음이 있다면 잘 부탁할 수 있어요.

　　여학생: 바보라고 해서 미안해. 정말이야! 진심이 아니었어.

5. 두 사람 모두 이제 만족하나요?

　　남학생/여학생: 네!

중재 두 사람은 갈등을 연기하고 탐정은 그 사이에서 중재를 한다.

돌아가면서 이야기하기 탐정이 문제를 풀어 가는 방법이 마음에 들고, 효과가 있다고 생각
하나요?

- 실생활에서 적용할 수 있을 것 같은가요?

- 도움이 될 것 같은가요?

4. 미로 게임

참가자들의 몸으로 미로를 만든다. 한 명씩 차례로 눈을 가리고 미로 사이를 지나간다.
눈을 가린 사람은 더듬으며 길을 찾아가고, 다른 사람들은 소리를 내어 그 사람을 도와
준다. 눈을 가린 사람이 벽에 가까워지면, 벽 역할을 하는 사람들은 "어어어어어!" 소리
를 낸다.

부록 1

이 페이지를 복사한 후 선을 따라 잘라서 워크숍 11에 사용할 '탐정 수첩'을 만든다.

탐정 수첩

1. 무슨 일이 일어났고, 무엇 때문에 갈등이 시작되었나요? 사실을 말해 주세요!

2. 그때 느낌이 어땠나요?

3. 무엇을 원했나요?

4. 해결책 제안: 어떻게 하면 두 사람 다 만족할 수 있을까요?

   방법을 제안해 보세요.

5. 두 사람 모두 그 해결책에 만족하나요?

동성 간의 갈등 중재

워크숍 개요

1. **시작하는 게임:** 팝콘

2. **모둠별로 이야기하기:** 동성 간에 다툼이 일어나는 이유는 무엇인가?

3. **탐정 활동**

4. **나의 비밀 친구 알아내기**

5. **돌아가면서 이야기하기:** 이 게임을 하면서 어땠습니까?

워크숍 목표

• 동성 간에 갈등을 유발하는 요인에 대해 알게 된다.

• 갈등 당사자들의 느낌과 욕구를 이해하고 공감하는 연습을 한다.

• 친구들 간의 갈등을 중재하는 연습을 한다.

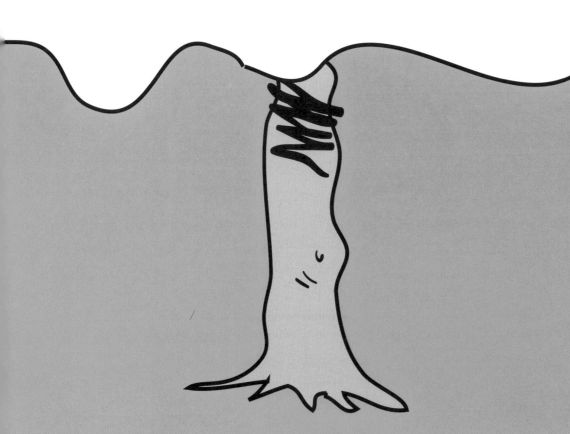

1. 시작하는 게임 팝콘

둥그렇게 둘러선다. 진행자가 손뼉을 쳐서 팝콘 튀는 소리를 내면, 그 옆에 선 사람이 따라서 똑같이 손뼉을 치는데 속도를 좀 더 빨리 하고, 그 옆 사람이 또 더 빨리 치는 식으로 이어 간다. 손뼉 치는 속도를 점점 빨리 하면서 두 번 연속으로 한다.

진행자의 설명 지난번 워크숍에서 우리는 이성 간의 갈등에 대해 이야기했습니다. 이번에는 탐정(중재자)이 동성 간의 갈등을 해결하는 연습을 해 볼 것입니다.

2. 모둠별로 이야기하기 동성 간에 다툼이 일어나는 이유는 무엇인가?

참가자들을 성별로 나눈 다음, 모둠으로 다시 나눈다. 모둠별로 동성 간에 다툼이 일어나는 이유에 대해 논의를 한 다음, 한 사람이 결과를 발표한다.

3. 탐정 활동

역할극 동성끼리 3명씩 모둠을 만든 다음, 2명은 갈등 당사자 역할을 하고, 한 명은 중재자가 된다.

돌아가면서 이야기하기 어땠습니까? 서로를 이해하게 되었습니까? 상대방의 느낌과 욕구를 알게 되면 갈등을 해결하기가 더 쉽다는 사실을 발견했습니까?

4. 나의 비밀 친구 알아내기

모든 참가자들이 둥글게 둘러앉는다. 한 어린이가 가운데로 나와서 눈을 감고 선다. 그러면 그 아이의 비밀 친구도 앞에 나와 선다. 가운데에 선 어린이가 눈을 감은 채로 비밀 친구의 얼굴을 만져 보면서 누구인지 알아맞힌다. 맞히면 가운데에서 자기 자리로 돌아가고, 이번에는 비밀 친구였던 어린이가 가운데로 가서 눈을 감고 자기 비밀 친구를 알아맞힌다.

5. 돌아가면서 이야기하기 이 게임을 하면서 어땠습니까?

- 비밀 친구가 누구인지 알아맞히기가 어려웠습니까?

- 비밀 친구로서 무엇을 했습니까?

- 나의 비밀 친구가 누구인지 알아내려고 노력했습니까?

- 누군가의 관심의 대상이 되는 기분이 어땠습니까?

- 누군가에게 관심을 표현할 방법을 생각하는 것은 어땠습니까?

70

부모 자녀 간의 갈등 중재

워크숍 개요

  1. **시작하는 게임:** 화를 냅시다

  2. **토론**

  3. **모둠별로 이야기하기:** 부모와 자녀 사이에 갈등이 생기는 이유는 무엇입니까?

  4. **탐정 활동**

  5. **주먹 펴기**

  6. **토론**

워크숍 목표

  • 화를 표현하는 여러 가지 방법이 있다는 것을 알게 된다.

  • 부모와 자녀 사이에 갈등을 가져오는 문제들에 대해 알게 된다.

  • 갈등 당사자들의 느낌과 욕구를 이해하면서 공감하는 연습을 한다.

1. 시작하는 게임 화를 냅시다

어린이들이 자유롭게 방 안을 돌아다닌다.

진행자는 아이들에게 화가 났을 때 어떤 느낌이었는지 기억해 보라고 한다.

- 그때의 얼굴 표정이 어땠는지, 표현해 보라고 한다.
- 팔과 다리는 어떻게 하고 있었는지, 표현해 보라고 한다.
- 그때 어떤 말과 행동을 했는지, 표현해 보라고 한다.
- 화난 상태에서 그때 무슨 생각을 했는지, 표현해 보라고 한다.

주의 진행자는 안내하는 중간 중간에 잠시 멈추고 어린이들이 표현할 시간을 준다.

2. 토론

엄마나 아빠가 소리를 치면서 방을 청소라고 하거나 물건을 정리하라고 했을 때 화가 난 적이 있나요? 부모님이 소리 질러서 화가 났었나요? 하고 싶지 않은 일을 억지로 해야 해서 더 화가 났었나요?

돌아가면서 이야기하기

진행자의 설명 지난번 워크숍에서는 동성 간의 갈등에 대해 이야기했습니다. 오늘은 부모와 자녀 사이에 다툼이 생기는 이유를 알아보겠습니다. 이번에도 탐정이 우리가 이 문제를 푸는 데 도움을 줄 것입니다.

3. 모둠별로 이야기하기 부모와 자녀 사이에 갈등이 생기는 이유는 무엇입니까?

남녀를 섞어서 모둠으로 나눈다. 모둠별로 부모와 자녀의 갈등 요인에 대해 토론한 후, 각 모둠에서 한 사람씩 나와서 토론 결과를 발표한다.

4. 탐정 활동

역할극 부모와 자녀 간의 언쟁

3명(엄마/아빠+자녀+탐정/중재자)이 한 모둠이 되도록 나눈다. 역할극에서 다루고 싶은 갈등 상황을 선택한 다음, 부모와 자녀가 언쟁을 하는 동안 탐정/중재자는 조용히 듣는다.

약 3분 후, 진행자는 아이들에게 그 언쟁에 대해 어떻게 생각했는지, 그런 식으로 말할 때 어떤 느낌이 들었는지 묻는다.

모둠별로 돌아가면서 이야기하기

중재 두 사람이 갈등 상황을 다시 연기하고 탐정은 중재를 시도한다.

탐정 역할을 맡은 사람들은 탐정 수첩의 질문 목록(**p.67** 부록 1)을 사용하면서

- 두 사람이 자기 느낌을 명확하게 말로 표현하는 것을 돕는다.
- 서로의 이야기를 듣고 상대의 느낌과 욕구를 이해하도록 돕는다.
- 양쪽이 모두 만족할 수 있는 해결책을 찾도록 돕는다.

다 함께 돌아가면서 이야기하기 각 모둠의 중재자가 모둠별 활동의 결론을 발표한다.

- 활동은 어떻게 진행되었나?
- 부모와 자녀가 서로 이해하게 되었나?

5. 주먹 펴기

두 사람씩 짝을 지어 얼굴을 마주 본다. 누가 1번을 하고 누가 2번을 할지 정한다. 진행자가 1번은 오른손 주먹을 꽉 쥐고, 2번은 그것을 펴 보라고 말한다.

약간의 시간을 준 후, 진행자는 이렇게 묻는다. 여러분 중에 혹시 상대방에게 주먹을 펴 달라고 부드럽게 요청한 사람이 있습니까?

진행자는 게임에 대해 설명할 때 물리적인 힘을 써서 주먹을 펴야 한다고 말한 적이 없다는 점을 상기시키고, 힘을 쓰기보다는 부드럽게 요청할 때 일을 하기가 더 쉬워진다는 점을 알려 준다.

6. 토론

진행자가 어린이들에게 이 워크숍에서 무엇을 배웠는지, 이제는 부모님을 더 잘 이해할 수 있을 것 같은지 물어본다.

모둠별로 돌아가면서 이야기하기

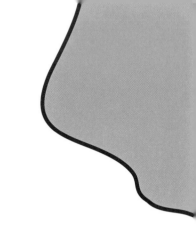

두려움(1)

워크숍 개요

1. **눈 감고 걸어 다니기**

2. **두려움의 경험:** 돌아가면서 문장 완성하기

3. **무엇이 우리에게 두려움을 일으키는가**

4. **몸으로 느끼는 두려움:** 두려움을 느끼는 신체 부위 찾기

5. **두려움에 대응하는 방법들**

6. **안마해 주기**

워크숍 목표

• 두려움을 표현하고 나눌 기회를 가진다.

• 두려움을 극복하는 방법을 찾는다.

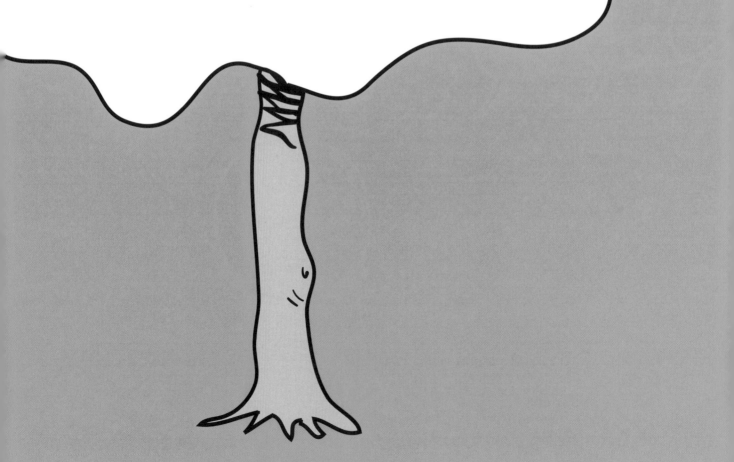

1. 눈 감고 걸어 다니기

모든 참가자가 각자 방의 한 곳을 정한 다음, 그곳에 가서 선다. 옆 사람과는 40~60cm 정도의 간격을 유지한다. 진행자가 신호를 하면 눈을 감고 마음대로 걷기 시작한다. 이때 침묵을 지켜야 하며, 팔을 몸 가까이에 붙이고 걸어야 한다. "멈추세요!" 신호를 들으면 눈을 감은 채 멈춘다. 주변을 더듬지 않으면서 자기 주위에 몇 명이 있는지, 그들과 거리가 얼마나 되는지 추측해 본다. 진행자가 이렇게 말해 주면 도움이 된다. "여러분 앞과 뒤, 왼쪽, 오른쪽에 다른 사람이 몇 명이나 있는지 가늠해 보세요. 눈을 뜨지 마세요!" 2초 후에 눈을 뜨고 추측이 맞았는지 확인한다. 이 게임을 두 번 반복한다.

진행자는 어린이들이 어떻게 움직이는지 주의를 기울인다. 자신감 있어 보이는지, 몰려 다니는지 아니면 자유롭게 움직이는지, 서로 더듬는지, 팔짱을 끼고 걷는지, 낄낄대거나 속닥거리는지 눈여겨본다. 다시 말해, 불안감의 징후가 나타나는지 잘 지켜본다.

돌아가면서 이야기하기

- 걷는 동안 어떤 느낌이 들었습니까?
- 두려움을 느꼈나요? 그렇다면 무엇에 대한 두려움이었나요?
- 추측한 것이 맞았나요?

2. 두려움의 경험 돌아가면서 문장 완성하기

돌아가면서 다음 문장들을 재빨리 완성해 보세요.

- "저는 …(예: 토끼)처럼 겁이 납니다."
- "저는 두려움으로 …(예: 몸이 얼어붙었습니다)."
- "겁이 나면 저는 …하고(예: 소리를 지르고) 싶어요."

3. 무엇이 우리에게 두려움을 일으키는가

눈을 감고 여러분을 두렵게 만드는 상황, 생물, 사물, 사건 또는 사람을 생각해 보세요.

돌아가면서 이야기하기

- 여러분은 무엇을 두려워합니까?

- 무엇이 가장 두렵습니까?

- 두려울 때 여러분은 무엇이 필요합니까?

4. 몸으로 느끼는 두려움 두려움을 느끼는 신체 부위 찾기

종이에 사람 몸의 윤곽을 그려 보세요. 겁이 날 때 몸 어디에서 두려움이 느껴지는지 두려움을 그려 보세요! 두려움이 어디에 있나요? 한곳에 머물러 있나요, 아니면 다른 곳으로 퍼져 나갑니까? 그것은 무슨 색입니까? 얼마나 강합니까? 선과 상징을 써서 표현해 보세요.

돌아가면서 이야기하기 어디에서 어떻게 두려움을 느낍니까?

참가자들이 그림을 보여 주고 설명한다.

5. 두려움에 대응하는 방법들

   • 여러분은 두려움에 어떻게 대응합니까?

   • 나를 꼼짝 못 하게 하는 두려움을 없애기 위해 어떤 방법을 사용합니까?

   • 두려움을 극복하기 위해 무엇을 합니까?

돌아가면서 이야기하기

6. 안마해 주기

원형으로 둘러서서 앞사람의 목과 등을 안마해 준다.

두려움(2)

워크숍 개요

1. **두려움의 경험:** 문장 완성 게임
2. **두려움을 그림으로 표현하기**
3. **두려움을 없애는 상상**
4. **두려움 막는 방패**
5. **마무리 게임:** '줌–바'

워크숍 목표

- 두려움을 표현하고 나눌 기회를 가진다.
- 두려움을 극복하는 방법을 찾는다.
- 상상력을 발휘한다.
- 협동심을 키운다.

1. 두려움의 경험 문장 완성 게임

다음 문장을 돌아가면서 재빨리 완성해 보세요.

· "겁이 날 때 저는 …(~한 행동을) 하고 싶어져요."

2. 두려움을 그림으로 표현하기

진행자는 참가자들에게, 적절한 모양과 색깔을 골라서 자신의 두려움을 그림으로 표현해 보라고 한다. 그림을 다 그렸으면 그림에 이름을 붙이라고 한다.

돌아가면서 이야기하기 각자 자기 그림을 보여 주고 설명한다.

3. 두려움을 없애는 상상

이제 상상력을 이용해서 두려움을 극복해 볼 거예요. 그건 쉬워요. 왜냐하면 우리의 마음은 우리 생각이 지어낸 것을 없애는 방법을 알고 있거든요. 우리가 없애려는 것은 우리를 꼼짝 못 하게 하고 짓누르는 두려움이에요. 우리가 정신을 차려서 위험을 피하도록 도와주는 두려움도 있습니다. 예컨대, 자동차의 경적 소리를 들으면 깜짝 놀라서 얼른 몸을 피하게 되지요.

편하게 앉아서 발을 바닥에 대고, 팔의 긴장을 풀고, 손바닥을 무릎에 놓습니다. 머리를 편하게 지탱할 수 있는 자세를 찾으세요. 어깨의 긴장도 풀고 가장 편한 자세를 찾아보세요!

이제 눈을 감으세요. 고르게 숨을 쉽니다. 숨을 들이마시면서 셋을 세고, 내쉬면서 셋을 셉니다. 편안함의 파도가 머리끝에서 온몸을 감싸고 내려오는 걸 느껴 보세요. 아주 편안합니다.

주변에서 들리는 모든 소리가 여러분의 머리 주위에 둥근 빛의 후광을 이루어 여러분을 보호해 줍니다. 새로운 소리가 들릴 때마다 이 둥근 빛이 흡수해서 어떤 소리도 여러분을 방해할 수 없습니다.

편안함이 물결처럼 퍼져 나가는 것을 느껴 보세요. 천천히 긴장이 사라지고 온몸이 편해지는 걸 느껴 보세요. 편안함의 파도가 몸을 완전히 감싸서 안락하고 평화롭게 해 줍니다.

① 두려움을 대상화하기

여러분의 두려움이 어떤 생물이라고 상상해 보세요.

그것이 어떻게 생겼는지 잘 보세요.

모양이 어떤지, 크기가 어느 정도인지 보세요.

왜 여기에 있느냐고 물어보세요.

그것을 떠나가게 하려면 어떻게 하면 되냐고 물어보세요. 그 생물이 말하는 것을 잘 들어 보세요!

② 이제 그 두려움이 작고 우스운 모습을 하고 있다고 상상해 보세요. … 우습고 재미있는 모습으로 바꾸어 보세요. … 무엇을 바꾸었는지 기억하세요.

③ 이제 필요 없는 두려움을 일으키는 것들을 모두 없애 줄 도우미를 만들어 봅시다. 도우미는 실제로 있거나 상상 속에 존재하는 생물이나 물건일 수도 있고, 아니면 어떤 프로그램일 수도 있습니다. 도우미를 작동하게 하는 방법을 생각해 놓는 것도 중요합니다.

④ 이제 두려움과 불안이 모두 사라지고 여러분의 마음이 고요하고 에너지가 가득하다고 상상해 보세요!

⑤ 이제 눈을 뜨세요!

돌아가면서 이야기하기

- 이완 연습을 해 보니 어땠습니까?
- 여러분의 두려움은 어떻게 생겼습니까? 그것이 무슨 말을 하던가요?
- 어떻게 없앨 수 있었습니까?
- 재미있는 모습으로 만드는 데 성공했나요? 어떻게 했나요?
- 여러분의 도우미는 누구/무엇입니까? 도우미는 어떻게 작동시킵니까?

4. 두려움 막는 방패

이제 4명이 한 모둠을 만들어서 두려움을 막아 주는 방패를 만든다. 이 방패 안에는 두려움을 창조적이고 긍정적인 에너지로 바꾸고, 불필요한 두려움과 긴장, 압박감으로부터 우리를 해방시키는 모든 것이 들어간다. 어린이들은 자유롭게 방패의 모양과 그 안에 들어

갈 요소들을 정한다. 도우미를 그려 넣을 수도 있고, 새로운 것을 만들어 낼 수도 있다.
각 모둠에 큰 종이를 한 장씩 나누어 준다. 모둠원마다 큰 종이의 한 구역을 정해서 그림을 그려도 되고, 각자 A4 종이에 그림을 그려서 큰 종이에 붙여도 된다.

돌아가면서 이야기하기 각 모둠에서 한 사람이 나와서 방패를 보여 주고 설명한다.

5. 마무리 게임 '줌-바'

한 사람이 "줌!"이라고 말하면 그 옆에 앉은 사람이 재빠르게 "줌!"이라고 받은 뒤 그 말을 옆 사람에게 넘긴다. 누군가가 "바!"라고 말할 때까지 계속한다. "바!"라고 말한 사람이 나타나면 "줌!"은 반대 방향으로 (누군가가 "바!"라고 말할 때까지) 돌기 시작한다.

슬픔

워크숍 개요

1. **돌아가면서 이름 말하기:** 자기 이름을 슬프게 말해 보세요!

2. **무엇이 여러분을 슬프게 합니까?**

3. **슬플 때는 보통 어떻게 합니까?**

4. **몸으로 느끼는 슬픔:** 슬픔을 느끼는 신체 부위 찾기

5. **돌아가면서 이야기하기:** 여러분은 잘 우는 편입니까?

6. **미소는 여러분의 내면을 바꿀 수 있습니다**

7. **모델 게임:** 기분이 좋아지도록 서로 어떻게 도울 수 있는지 알아봅시다!

8. **마무리 게임:** '오–아!'

워크숍 목표

• 슬픔을 표현하고 나눌 기회를 가진다.

• 슬픔을 극복하는 방법을 찾는다.

• 협동심을 키운다.

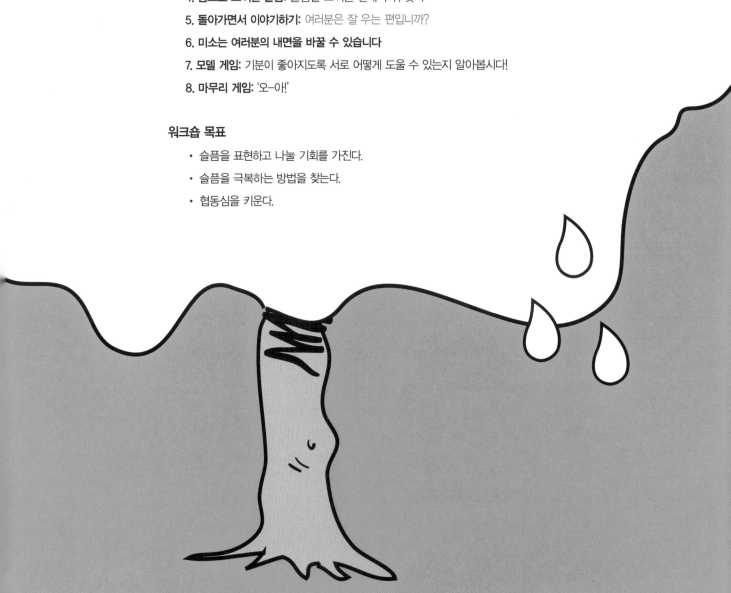

1. **돌아가면서 이름 말하기** 자기 이름을 슬프게 말해 보세요!

2. **무엇이 여러분을 슬프게 합니까?** 자신이 슬퍼지는 이유를 하나씩 말해 봅시다.
   돌아가면서 이야기하기

3. **슬플 때는 보통 어떻게 합니까?** 함께 있어 줄 사람을 찾아가나요, 아니면 혼자 있는 쪽을 선택하나요? 슬플 때는 어떤 음악을 듣습니까?

4. **몸으로 느끼는 슬픔** 슬픔을 느끼는 신체 부위 찾기
   여러분의 슬픔은 몸의 어디에 있습니까? 몸의 어디에서 슬픔을 느낍니까? 한곳에 머물러 있습니까, 아니면 다른 곳으로 퍼져 나갑니까? 몸으로 퍼져 나간다면 어디로 갑니까?
   어린이들이 자기 몸의 윤곽을 그린 다음, 어디에서 어떻게 슬픔을 경험하는지 표시한다.
   돌아가면서 이야기하기 어디에서 슬픔을 느낍니까? 슬픔은 어떻게 생겼습니까?
   참가자들이 자기 그림에 대해 설명한다. 마지막에 진행자가 우리가 슬픔을 경험하는 방식의 유사점과 차이점을 요약해서 설명한다.

5. **돌아가면서 이야기하기** 여러분은 잘 우는 편입니까?
   진행자의 설명 우는 것은 좋은 일입니다. 울면 마음이 진정되고 긴장이 풀어집니다. 슬픔을 비롯한 여러 감정들을 느끼는 시간을 가지는 것은 중요합니다.

6. **미소는 여러분의 내면을 바꿀 수 있습니다**
   이제 우리의 기분 전환에 도움이 되는 일을 해 보려 합니다. 우리의 얼굴에 감정이 그대로 드러난다는 사실은 잘 알려져 있지요. 우리가 일부러 얼굴 표정을 바꾸면 어떤 일이 일어나는지 연구한 사람이 있습니다. 얼굴 표정을 바꾸면 우리의 기분도 바뀔까요? 그

연구자는 그렇다는 것을 발견했습니다. 한번 해 볼까요? 좋습니다. 한번 해 보겠습니다. 눈을 감아 보세요. 그리고 행복하게 웃는 표정을 지어 보세요. 그 상태를 유지하세요. 제가 "그만!"이라고 말할 때까지. (어린이들이 1분간 미소 짓게 한다.)

돌아가면서 이야기하기 우리의 작은 실험은 성공적이었나요? 지금 기분이 어떤가요?

7. 모델 게임 기분이 좋아지도록 서로 어떻게 도울 수 있는지 알아봅시다!

웃고 있으면 기분이 바뀌는 것처럼, 밖에서 시작해서 우리의 안을 바꾸도록 해 볼 거예요. 어린이들을 두 모둠으로 나눈다. 첫 번째 모둠은 '슬픈 조각상'이 되어, 자신이 슬플 때 보통 하는 자세를 취한다. 두 번째 모둠은 '슬픈 조각상'을 '행복한 조각상'으로 바꾸는 조각가 역할을 한다. 조각가들은 조각상의 손, 다리, 목, 머리 등을 움직일 수 있는데, 각 조각상에서 한 가지만 바꿀 수 있다. 즉, 하나의 조각상에서 한 가지를 바꾸고 나면 다음 조각상으로 이동한다. 모든 조각가들의 작업이 끝나면 작품을 평가하고, 공동으로 만든 작품이 만족스러운지 본다. 조각상들은 게임이 진행되는 동안 움직이지 말고 조각가들이 만든 대로 가만히 서 있어야 한다.

역할 바꾸기 조각상들이 조각가가 되고 조각가들이 조각상이 되어 게임을 다시 시작한다.

돌아가면서 이야기하기

- 조각가와 조각상 역할을 하면서 느낌이 어떠했는가?
- 조각상 역할을 하면서 기분이 바뀌는 것을 느꼈는가?

8. 마무리 게임 '오–아!'

모두가 둥글게 둘러서서 서로 손을 잡는다. 진행자가 오른쪽 사람의 손을 살짝 누르며
"아!"라고 말하면, 그 사람이 다시 자기 오른쪽 사람의 손을 살짝 누르며 "아!"라고 말하
는 식으로 계속 전달한다. "아!"가 원을 다 돌기 전에 진행자가 왼쪽 사람의 손을 살짝
누르며 "오!"라고 말해 반대 방향으로 "오!"를 보낸다. "아!"와 "오!"를 함께 받은 사람은 둘
을 빠르게 처리해서 원이 끊기지 않게 해야 한다. 하지만 실수를 하면 게임이 더 재미있
어진다!

앞날을 내다보기

워크숍 개요

1. **몸짓으로 자기 느낌 표현하기**

2. **자기 에너지 느끼기**

3. **돌아가면서 이야기하기:** 여러분은 어떤 일에 자기 에너지를 집중합니까?

4. 지금 내가 보기에 나의 미래는 어떨 것 같습니까?

5. **미래 계획하기**

6. **모둠 활동:** 이번 여름방학은 어떻게 보내게 될 것 같나요?

워크숍 목표

- 적극적인 태도를 북돋운다.

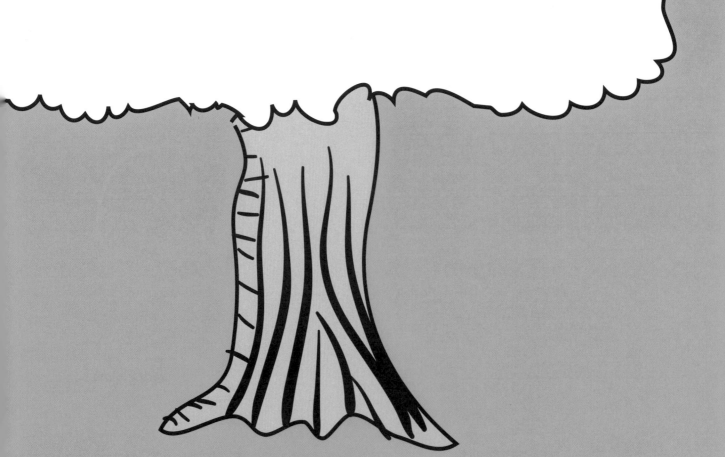

1. 몸짓으로 자기 느낌 표현하기

한 사람이 느낌을 몸짓과 표정으로 표현하면 다른 사람들이 그 몸짓과 표정을 모두 따라 한다. 따라 하는 사람은 몸동작과 함께 그 사람의 느낌도 거울처럼 그대로 반영한다.

2. 자기 에너지 느끼기

두 손바닥이 30~40㎝가량 사이를 두고 마주 보게 합니다. 그런 다음, 천천히 두 손의 간격을 좁혀서 손바닥의 간격이 10㎝ 정도 되도록 합니다. 손바닥 사이를 여러 차례 넓혔다 좁혔다 하면서 에너지의 흐름을 느껴 봅니다. 짜릿짜릿한 공을 쥐고 있는 듯한 느낌이 들 것입니다.

3. 돌아가면서 이야기하기 여러분은 어떤 일에 자기 에너지를 집중합니까?

매일/매주 할 일들에 대해 계획을 세웁니까? 다음에 무슨 일을 하게 될지 누가 결정합니까? 여러분 자신인가요, 아니면 주변 상황입니까?

4. 지금 내가 보기에 나의 미래는 어떨 것 같습니까? 선과 모양, 색, 자신만의 상징을 이용해서 자신의 미래를 그려 보세요!

돌아가면서 이야기하기 나의 미래는 어떤 모습일까? 각자 그림을 보여 주고 설명한다.

5. 미래 계획하기

우리가 원하는 일에 에너지를 집중하려면 계획을 세워야 합니다. 먼저 긴장을 풀어 봅시다. 발을 바닥에 대고 편하게 앉습니다. 팔의 긴장을 풀고, 손을 무릎에 올려놓습니다. 머리를 편하게 하고, 어깨에서 힘을 뺍니다. 가장 편한 자세를 찾아보세요.
눈을 감으세요. 고르게 숨을 쉽니다. 숨을 들이마시면서 셋을 세고, 내쉬면서 셋을 셉니다. 편안함의 파도가 머리끝부터 빙빙 돌며 온몸을 감싸고 내려오는 걸 느껴 보세요.

주변에서 들리는 모든 소리가 여러분의 머리 주위에 신비한 후광을 이루어 여러분을 보호해 줍니다. 새로운 소리가 들릴 때마다 이 둥근 빛이 흡수해서 어떤 소리도 여러분을 방해할 수 없습니다.

편안함의 파도가 어떻게 퍼져 나가는지 느껴 보세요. 천천히 긴장이 사라지고 온몸이 편해집니다. 편안함의 파도가 온몸을 감싸서 안락하고 평화롭게 해 줍니다.

① 지금 나에게 중요한 목표 하나를 선택해 보세요. 내가 이루는 것이 중요한 목표를 고르세요.

② 그것을 성취하기 위해서 내가 할 수 있는 일을 구체적으로 떠올립니다. 그 결과를 얻기 위한 단계들을 구체적으로 상상해 보세요.

③ 그것을 이루도록 도와줄 도우미를 선택하세요.

④ 좋은 결과를 얻고 목표가 달성되는 것을 떠올리고 그때의 좋은 느낌을 상상해 보세요.

⑤ 나에게 중요한 사람들이 나의 성공을 보고 어떻게 반응할지 상상해 보세요.

⑥ 이제 천천히 지금 이 순간으로 돌아오세요.

⑦ 눈을 뜨세요.

돌아가면서 이야기하기

- 이 연습을 하면서 어떤 느낌이 들었습니까?

- 어떤 계획을 세웠습니까?

- (공개하기를 원한다면) 도우미는 누구입니까?

6. 모둠활동 이번 여름방학은 어떻게 보내게 될 것 같나요?

여름방학의 모습을 슬라이드처럼 생생한 5장의 그림으로 보여 주세요.

4~5명이 한 모둠이 된다. 각 모둠은 어떤 이야기를 보여 줄지 결정한다. 10분 동안 5장의 그림으로 무엇을 어떻게 보여 줄지 준비한다. 그런 다음, 전체 앞에서 발표한다. 발표는 다음과 같이 진행한다. 청중이 눈을 감고, 발표자들은 첫 번째 그림에 따라 자세를 취한다. 진행자가 신호를 주면 청중은 눈을 뜨고 상황을 살펴본 다음 진행자의 신호에 따라 다시 눈을 감는다. 발표자들이 두 번째 그림의 자세를 취한다. 이런 식으로 계속 진행한 후, 마지막에 청중이 자신들이 본 것을 해석한다. 이어서, 다음 발표자들이 발표를 한다.

어린이들의 권리

워크숍 개요

  1. 동작 이어 가기

  2. 청소년의 권리

    순위 매기기, 모둠별 발표

    다 함께 기본 권리 목록 만들기

    돌아가면서 이야기하기

워크숍 목표

  • 어린이들의 권리에 대해 알아본다.

  • 협동심을 키운다.

1. 동작 이어 가기

모두가 둥그렇게 둘러서서 자기 왼쪽 사람이 하는 동작을 따라 한다. 시작은 진행자가 하고, 참가자들은 진행자가 하는 동작을 차례로 따라 한다.

- 손가락으로 딱 소리 내기
- 허벅지 치기
- 허벅지 치고 발 구르기
- 발 구르기
- 가만히 있기

2. 청소년의 권리

여러분 또래 어린이들에게 가장 중요하다고 생각하는 권리 9가지를 써 보세요. 진행자는 참가자들에게, 굳이 어떤 형식에 맞추어 쓰려고 애쓰지 말고 "가고 싶은 곳에 가기"처럼 원하는 것을 그냥 표현하라고 권한다.

순위 매기기 4~5명씩 모둠을 만든 다음, 각자가 써 놓은 권리들의 순위를 매긴다. 어떤 권리가 가장 중요한지, 두 번째로 중요한지 생각해 본다. 순위는 다음과 같은 패턴에 따른다.

```
           1
       2       3
    4     5      6
       7      8
           9
```

모둠별 발표 각 모둠은 자신들이 선정한 순위를 보여 주고, 그렇게 정한 이유를 설명한다.
다 함께 기본 권리 목록 만들기 전체 참가자들이 함께 토론하여 청소년의 9가지 기본 권리 목록을 만든다.

돌아가면서 이야기하기

- 어떤 권리가 박탈되었다고 느낍니까?
- 어떤 권리가 존중되고 있습니까?
- 어떻게 하면 여러분의 권리를 지킬 수 있을까요?
- 이러한 권리들에 의해 어떤 욕구가 보호받고 있습니까?

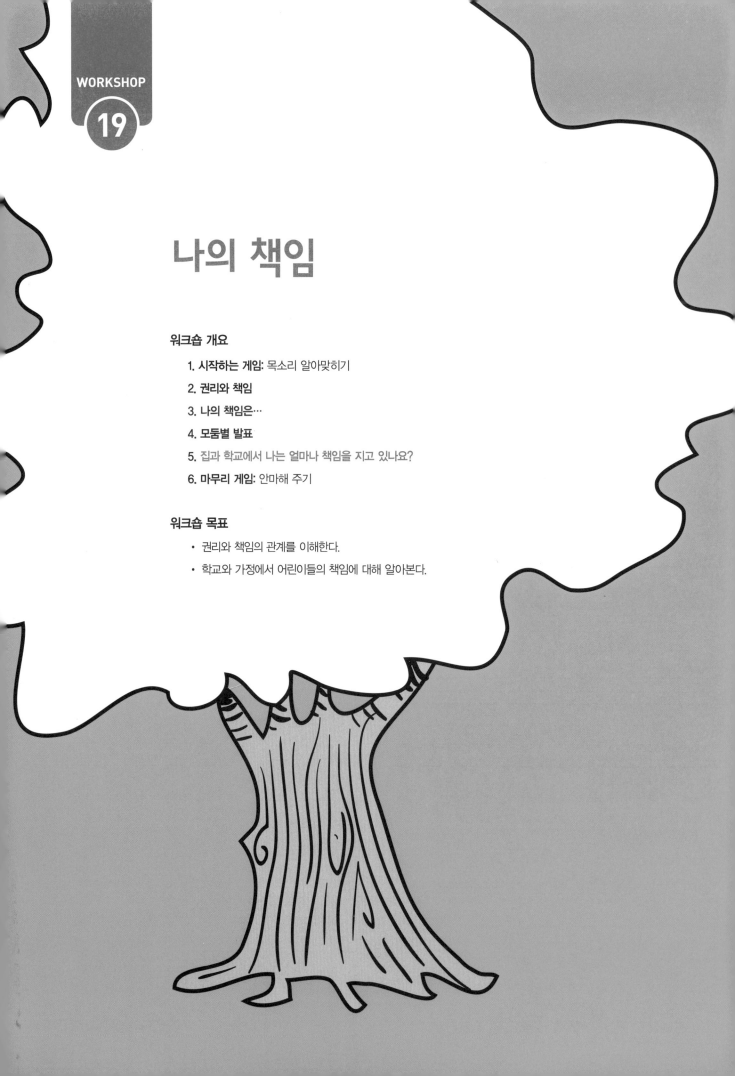

나의 책임

워크숍 개요

    1. **시작하는 게임:** 목소리 알아맞히기

    2. **권리와 책임**

    3. **나의 책임은…**

    4. **모둠별 발표**

    5. 집과 학교에서 나는 얼마나 책임을 지고 있나요?

    6. **마무리 게임:** 안마해 주기

워크숍 목표

    • 권리와 책임의 관계를 이해한다.

    • 학교와 가정에서 어린이들의 책임에 대해 알아본다.

1. 시작하는 게임 목소리 알아맞히기

지원자 중 한 사람이 머리에 띠를 둘러 눈을 가리고 원 가운데에 앉는다. 진행자가 조용히 원을 돌다가 한 어린이를 지목하면, 그 사람이 가운데에 앉은 어린이에게 가서 지어 낸 목소리로 이야기를 한다. 가운데에 있는 어린이가 누구인지 알아맞혀 본다. 맞히면 바꾼 목소리로 말한 어린이가 눈을 가리고 그 자리에 앉는다.

2. 권리와 책임

진행자는 모든 권리에는 책임이 따른다는 것을 설명한다. 권리를 행사할 때에는 언제나 우리 자신뿐 아니라 다른 사람들의 안녕도 존중해야 한다는 것을 알려 준다. 예컨대, 자유롭게 말할 권리가 있다는 것은 다른 사람들을 모욕하거나 조롱해도 된다는 것이 아니라, 다른 사람의 감정까지 고려하면서 말해야 한다는 것을 뜻한다고 알려 준다.

3. 나의 책임은…

진행자는 청소년의 권리가 한 가지씩 적혀 있는 쪽지를 미리 준비한다. 어린이들을 작은 모둠으로 나누어서 각자가 뽑은 쪽지에 적힌 권리와 관련된 책임이 무엇인지 생각해 결정하게 한다. 그리고 모둠 토론에서 얻은 결과를 어떤 방식으로 보여 줄지 자유롭게 정한다. 책임을 지면서 어떤 권리를 행사할 때와 책임 없이 그 권리를 행사했을 때를 단막극으로 보여 줄 수도 있다. 필요하면 진행자가 모둠을 돌면서 도움을 준다.

4. 모둠별 발표

각 모둠은 5분씩 발표를 한다.

5. 집과 학교에서 나는 얼마나 책임을 지고 있나요?

어린이들을 2개의 모둠으로 나눈다. 두 모둠이 서로 반대편 벽으로 가서 마주 보고 선

다. 진행자는 가운데에 선(분필로 그려도 좋다)이 있는데, 그 선은 책임의 최대치를 나타
낸다고 설명한다. 지금 어린이들이 서 있는 곳은 아무런 책임도 지지 않는 곳이다.

진행자가 "여러분은 집에서 얼마나 책임을 지고 있나요?"라고 물으면 어린이들은 벽(책임
0퍼센트)과 중앙선(책임 100퍼센트) 사이에서, 자기가 책임을 진다고 생각하는 만큼에 해
당하는 자리에 가서 선다. 다른 사람들 볼 것 없이, 스스로 적당하다고 생각하는 만큼
몇 걸음씩 움직이면 된다. 어린이들이 모두 자리에 서면 진행자는 "집에서 여러분이 져

야 할 책임은 무엇입니까?"라고 묻는다. 이어서, "학교에서 여러분이 져야 할 책임은 무엇입니까?"라고 묻는다.

돌아가면서 이야기하기 모둠별로 그에 대해 이야기한다.

6. 마무리 게임

모두가 둘러서서 앞사람의 목과 등을 안마해 준다.

한 어린이가
다른 어린이의 권리를 침해할 때

워크숍 개요

1. 조롱하는 동작 따라 하기

2. 조사 활동

3. 모둠 보고서 발표

4. 탐정 활동

5. 모둠 보고서 발표

6. 서로 칭찬해 주기

워크숍 목표

- 다른 어린이들에 대한 괴롭힘, 조롱, 폭력이 발생하는 여러 상황에 대해 알아본다.

- 그러한 행동을 하는 이유를 이해하게 된다.

- 자신을 스스로 보호할 수 있는 방법을 배운다.

1. 조롱하는 동작 따라 하기

한 어린이가 비웃거나 놀리는 동작을 생각해 내서 보여 주면 다른 어린이들이 따라한다.

돌아가면서 이야기하기

• 놀림을 받으면 어떤 느낌이 듭니까?

• 놀림을 당할 때 여러분은 보통 어떻게 대응하나요? 그러면 기분이 나아집니까?

2. 조사 활동

참가자들을 두 모둠으로 나눈다. 각 모둠은 또래 어린이가 다른 어린이의 권리를 침해하는 모든 행동을 조사한다. 진행자는 상대방의 외모, 출신, 이름을 가지고 놀리는 것 외에도 놀이에 끼워 주지 않기, 밀치기, 상대방의 소지품이나 점심 빼앗기, 흉보기, 위협하기, 욕하기 등도 포함된다는 점을 상기시켜 준다. 각 모둠은 그러한 행동을 목록으로 정리하고, 가장 심하게 다른 어린이의 권리를 침해한다고 생각하는 행동을 하나 고른다. 진행자는 어린이들은 있는 그대로 존중받을 권리, 사생활을 존중받을 권리, 학대로부터 보호받을 권리가 있다고 알려 준다.

3. 모둠 보고서 발표

각 모둠은 조사한 것을 발표한다. 진행자는 칠판에 권리 침해 행동의 유형을 적고, 각 행동이 모둠 발표에서 몇 번 언급되었는지 횟수를 표시한다.

4. 탐정 활동

어린이들을 서너 모둠으로 나눈 다음, 칠판에 적힌 행동 중 몇 가지를 선택해서 또래들이 왜 그런 행동을 하는지 알아내게 한다. 진행자는 참가자들에게 그렇게 행동하는 어린이가 어떤 느낌을 가지고 있고 무엇이 필요하고 무엇을 바라는지, 그 어린이 입장에서 생각해 보라고 한다.

두 번째 과제는 그런 행동을 하는 어린이가 행동 방식을 바꾸도록 도울 방법을 생각해 내는 것이다. 누구나 자기 가치를 인정받고 존중받고 싶어 하며, 친구들 사이에 끼고 싶어 한다는 점을 상기시킨다.

5. 모둠 보고서 발표

각 모둠이 조사한 내용을 발표하고, 권리를 침해하는 행동을 하는 어린이가 그 행동을 바꾸도록 돕는 방법에 대해 이야기한다.

6. 서로 칭찬해 주기

진행자는 이제 칭찬을 주고받는 연습을 할 것이라고 말한다. 칭찬을 주고받는 일은 음식을 먹는 것만큼이나 중요하다. 자기 오른쪽에 있는 사람에게 이렇게 말한다. "나는 너의 …한 점이 좋아."

WORKSHOP
21

어린이들의 권리를
부모가 침해할 때

워크숍 개요

1. '망태 할아버지' 게임

2. "이럴 때 부모님이 무서워요."

3. 돌아가면서 이야기하기

4. 속마음을 살짝 들여다봅시다

5. 돌아가면서 이야기하기: 자기 보호법

6. 도움 상자(부모님)

7. 인간 매듭 게임

워크숍 목표

• 부모가 자녀를 잔뜩 겁주거나 불안하게 만드는 식으로 행동하는 다양한 상황에 대해
  알아본다.

• 왜 그런 상황이 발생하는지, 그럴 때 어떻게 하면 스스로를 보호할 수 있는지 배운다.

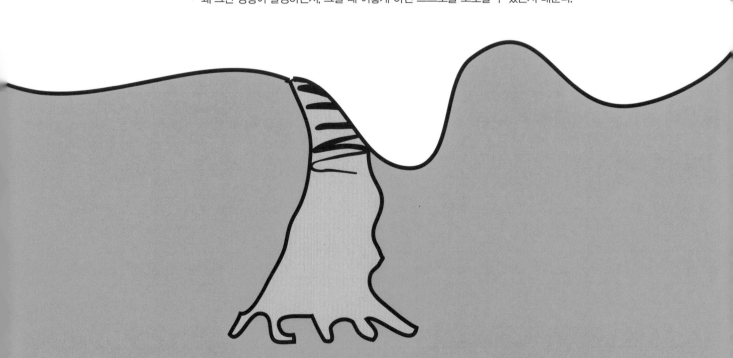

1. '망태 할아버지' 게임

게임 참가자들을 A와 B로 나눈다. A가 소리, 동작, 표정을 이용해 B에게 겁을 주려고 노력한다. 5분 후에 역할을 바꾼다.

2. "이럴 때 부모님이 무서워요."

부모님이 나를 겁나게 하거나 불안하게 만드는 행동을 하는 상황을 그린다. 부모님의 행동을 그림으로 표현하고, 말풍선 안에 두려움이나 불안을 느끼게 하는 부모님의 말을 적는다.

3. 돌아가면서 이야기하기

각자가 그린 그림을 보여 주면서 겁나게 하거나 불안하게 만드는 상황에 대해 이야기한다.

4. 속마음을 살짝 들여다봅시다

진행자 설명 부모님께서 왜 그렇게 행동하시는지, 여러분은 아마 이해하기 어려울 거예요. 그리고 부모님께서 그렇게 행동하실 때에도 여러분을 사랑한다는 사실을 여러분은 확인하고 싶을 겁니다. 부모님께서 왜 그렇게 행동하시는지 알아봅시다.

진행자는 참가자들이 언급한 행동들을 나열한 다음, 부모님이 어떻게 느끼는지(무력감, 속상함 등), 무엇을 원하는지(존중, 이해 등)를 이해하도록 도와준다.

5. 돌아가면서 이야기하기 자기 보호법

그러한 상황에서 여러분 자신을 보호하기 위해서 무엇을 할 수 있을까요? 어린이들이 각자가 생각해 낸 방법을 함께 나눈다.

부모님께 다음과 같이 말씀드려 보면 어떻겠냐고 진행자가 제안한다.

"엄마/아빠, 잠깐만요. 이럴 때 저는 무서워요. 저는 엄마/아빠를 이해하고 싶어요!"

6. 도움 상자(부모님)

진행자는 참가자들에게 교실 안에 상자를 하나 만들어 놓자고 제안한다. 부모님이나 다른 어른들의 행동 가운데 이해할 수 없는 행동, 어린이들을 겁먹게 하거나 불안하게 하는 행동들을 종이에 적어서 그 상자에 넣는다. 그런 다음, 진행자는 어린이들과 의논하여 상자를 여는 날을 정한다. 정해진 날에 상자를 열고서 어른들이 왜 그런 식으로 행동하는지 함께 이해하려고 노력하고, 그러한 행동 앞에서 어린이들이 어떻게 스스로를 보호할 수 있는지 함께 이야기해 본다.

7. 인간 매듭 게임

원형으로 둘러서서 서로 손을 꽉 잡은 채, 상대방의 팔 아래로 들어가는 등 여러 방법으로 몸이 서로 얽히게 해서 더 이상 아무도 움직일 수 없을 때까지 인간 매듭을 만든다. 이제 손을 잡은 채로 매듭을 풀어 본다.

어린이들의 권리를
학교의 어른들이 침해할 때

워크숍 개요

워크숍 목표

- 학교에서 어른들이 어린이들을 겁주거나 불안에 떨게 만드는 다양한 상황에 대해 알아본다.

- 왜 그런 상황이 발생하는지, 그럴 때 어떻게 하면 스스로를 보호할 수 있는지 배운다.

1. 학교의 '망태 할아버지'

어린이들이 방 안을 자유롭게 걷는다. 진행자가 (손뼉 등의) 신호를 보내면 어린이들은 가까이 있는 사람의 눈을 똑바로 쳐다보면서 "조용히 해!"라고 말한다. 진행자는 교사나 학교 어른들이 스스로 무기력하다고 느낄 때, 교실의 질서를 잡고 싶을 때, 또는 어린이들이 수업에 집중하도록 만들고 싶을 때 흔히 사용하는 겁주는 말을 선택한다.

2. 돌아가면서 이야기하기

- 이 게임을 하면서 어떤 느낌이 들었습니까?
- 선생님이나 학교 어른들이 하는 말 가운데 가장 무서운 말은 무엇입니까?

3. "이럴 때 학교 어른들이 무서워요."

4명씩 모둠을 만든 뒤, 선생님이나 학교의 다른 어른들이 학생들을 몹시 두렵거나 불안하게 하는 상황을 그림으로 표현한다. 그 사람의 행동을 그림으로 그리고, 말풍선에 두려움과 불안을 불러일으키는 그 사람의 말을 적는다. 진행자는 꼭 말을 하지 않고도 몸짓이나 행동으로도 겁을 줄 수 있다고 설명한다.

4. 돌아가면서 이야기하기

모둠별로 그림을 보여 주면서 그들을 두렵게 만드는 것에 대해 설명한다.

5. 속마음을 살짝 들여다봅시다

진행자 설명 "어른들이 왜 그렇게 행동하는지, 여러분은 아마 이해하기 어려울 거예요. 그리고 어른들이 그렇게 행동할 때에도 여러분에 대해 애정을 가지고 있다는 사실을 확인하고 싶을 겁니다. 어른들이 왜 그렇게 행동하는지 알아봅시다."

진행자는 어린이들이 언급한 행동들을 하나씩 나열하면서 어른들이 어떻게 느끼는지

(무력감, 속상함 등), 무엇을 원하는지(존중, 이해, 집중 등)를 이해하도록 도와준다.

6. 돌아가면서 이야기하기 자기 보호법

그러한 상황에서 여러분 자신을 보호하기 위해서 무엇을 할 수 있을까요? 어린이들이 각자가 생각해 낸 방법에 대해 말한다.

진행자는 다음과 같이 말해 보면 어떻겠냐고 어린이들에게 제안한다.

"잠깐만요. 이럴 때 저는 정말 무서워요. 저는 우리가 서로 이해할 수 있으면 좋겠어요!"

7. 도움 상자(선생님)

진행자는 교실 안에 상자를 하나 만들어 놓자고 제안한다. 그 상자에는 학교 어른들의 행동 가운데 이해하기 어려운 행동, 어린이들을 겁먹게 만드는 모든 행동들을 적어 넣는

다. 그런 다음, 그 상자를 언제 열지 날짜를 정한다. 정해진 날에 상자를 열고서 어른들이 왜 그렇게 행동하는지 함께 이해하려고 노력하고, 그러한 행동으로부터 어떻게 스스로를 보호할 수 있는지 함께 이야기해 본다.

8. '내 등에서 떨어져!' 게임

두 발을 나란히 하고 다리를 약간 벌리고 섭니다. 무릎과 배, 엉덩이, 어깨의 긴장을 풀고, 팔을 자연스럽게 늘어뜨립니다. 고르게 숨을 쉬면서 턱의 긴장을 풉니다. 팔꿈치를 어깨 높이로 들어 올리고 팔을 쭉 뻗은 다음, 빠르고 세게 뒤로 쳐내면서 "내 등에서 떨어져!"라고 소리칩니다. 목소리로 감정을 표현하면서 이 동작을 몇 차례 반복합니다.

우리는 모두 다르지만
우리의 권리는 같아요

워크숍 개요

1. **게임: '섬(빼기)'**

2. **돌아가면서 이야기하기**

3. **게임: '섬(포함하기)'**

4. **돌아가면서 이야기하기**

5. **모둠별로 이야기하기**

6. **게임:** 무지개 만들기

7. **모둠별로 이야기하기**

워크숍 목표

- 계층, 인종, 문화 등이 다르다는 이유로 특정 집단이 따돌림을 받는 상황에서
  드러나는 부정적인 고정 관념을 어떻게 보아야 하는지 배운다.
- 그렇게 따돌림 당하는 사람들의 감정을 이해하고,
  그런 일이 일어나지 않도록 하는 방법을 배운다.

1. 게임 '섬(빼기)'

진행자는 바닥에 신문지를 깔아 섬을 만든다. 어린이들은 진행자의 "항해!" 신호에 따라 그 섬들 사이를 항해하다가 "상륙!" 신호가 주어지면 섬 위에 올라선다. 처음에는 모든 참가자가 상륙할 만큼 많은 섬을 만든다. 게임을 하면서 진행자는 섬을 하나씩 빼내서 상륙하지 못하는 사람이 나오게 한다. 상륙하지 못한 사람은 게임에서 빠진다.

2. 돌아가면서 이야기하기

게임에서 빠져야 하는 사람이 나왔을 때 느낌이 어땠습니까?

3. 게임 '섬(포함하기)'

앞의 게임과 마찬가지로 진행자가 "상륙!" 신호를 보내면 섬 위에 올라선다. 하지만 이번 게임의 목적은 모든 어린이가 섬에 상륙할 수 있도록 돌보는 것이다. 섬 밖이라 하더라도 손을 잡거나 해서 섬에 있는 사람과 어떤 식으로든 연결되면 상륙한 것으로 인정된다. 진행자는 이번에도 섬을 하나씩 빼내서 점점 상륙하기 어렵게 만든다.

4. 돌아가면서 이야기하기

모두가 섬에 착륙하도록 배려했을 때 느낌이 어땠습니까?

5. 모둠별로 이야기하기

· 어린이들은 어떤 경우에 집단에서 소외되는 경험을 합니까?

· 왜 그런 일이 일어납니까?

모둠별로 논의 결과를 발표한다.

6. 게임 무지개 만들기

진행자는 여러 가지 색의 동그라미가 그려진 카드(**p.113 부록2**)를 참가자 수만큼 미리 준비한다.(참가자 수가 20명이라면 파란색 카드 5장, 빨간색 카드 5장, 녹색 카드 5장, 보라색 카드 5장을 만든다.) 무슨 색인지 알 수 없도록 카드를 뒤집어 놓는다. 어린이들이 카드를 한 장씩 뽑는다. 진행자가 신호를 보내면 어린이들은 카드의 색깔을 확인하고 모둠을 만든다. 이때 모둠원들이 가진 카드는 색이 모두 서로 달라야 한다.

진행자 설명 무지개에는 모든 색을 위한 자리가 있습니다. 그래서 무지개가 아름다운 것이고 누구나 무지개를 좋아하는 것입니다.

7. 모둠별로 이야기하기

어떻게 하면 앞서 이야기한 소외 상황을 바꾸어서 모두가 받아들여진다는 느낌을 가지게 할 수 있을까?

모둠별로 논의한 후 그 결과를 발표한다.

부록 2

이 페이지를 복사한 후 점선을 따라 잘라서 4장의 카드로 된 세트를 5벌 만든다. ('무지개 만들기' 게임)

파랑	초록	빨강	보라
파랑	초록	빨강	보라
파랑	초록	빨강	보라
파랑	초록	빨강	보라
파랑	초록	빨강	보라

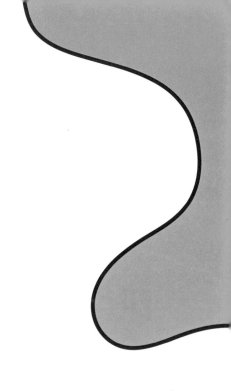

가치

워크숍 개요

1. 게임: '붐—밤'
2. "그거 할 수 있어요."
3. 나의 다짐
4. 소리 내어 웃기

워크숍 목표

- 특정한 가치를 보여 주었던 자신의 행동을 이야기한다.
- 그러한 가치나 성품을 드러낼 수 있는 새로운 행동들을 찾아본다.

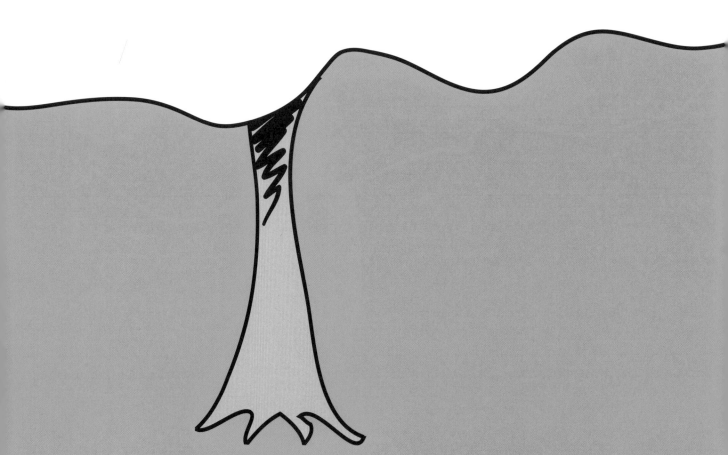

1. 게임 '붐-밤'

손을 잡고 둥그렇게 둘러선다. 진행자가 오른쪽 어린이의 손을 쥐었다 놓으면서 "붐!"이라고 큰 소리로 말한다. 그런 식으로 오른쪽으로 이어 간다. 몇 초 후에 진행자는 왼쪽 어린이의 손을 쥐었다 놓으면서 "밤!"이라고 큰 소리로 말하고, 그렇게 왼쪽으로 이어 간다. "붐!"과 "밤!"을 동시에 받은 사람은 한 번에 두 사람에게 "붐!"과 "밤!"을 보내야 한다.

2. "그거 할 수 있어요."

진행자는 가치 또는 미덕이 한 가지씩 적혀 있는 카드들을 준비한다.(**p.116**, 부록3)(성실, 정직, 착한 마음, 끈기, 열정, 이해심, 인내심, 친절, 공정성, 용기, 침착성, 독립심, 결단력, 의리, 타인에 대한 신뢰, 자신감, 배려, 창의성, 다정함, 선의, 감사, 책임, 힘, 용서, 선택의 자유, 어울림, 연민, 사랑, 관대함, 지원) 카드를 한 장씩 뽑은 다음, 어린이들은 자신이 그 카드에 적힌 가치를 보여 주었던 상황을 떠올리고, 그것이 어떤 행동으로 나타났는지도 기억해 낸다. 혼자서 그 상황을 떠올리지 못하는 아이는 진행자가 도와준다.

돌아가면서 이야기하기 어떤 행동을 통해 그 가치를 보여 주었는가?

3. 나의 다짐

카드를 걷어서 다시 섞은 다음, 다시 뽑도록 한다. 카드를 뽑은 어린이들은 카드에 적힌 가치를 보여 줄 새로운 행동을 생각해 본다. 도움이 필요한 어린이는 진행자가 도와준다.

돌아가면서 이야기하기 그 가치를 보여 주기 위해 어떤 행동을 하려고 하는가?

4. 소리 내어 웃기

어린이들이 두 줄로 서서 마주 본다.(모든 사람이 짝꿍과 마주 보고 선다.) 한쪽 줄에 있는 사람들이 먼저 앞에 있는 사람을 웃게 하려고 노력한다. 이때 다른 줄에 있는 사람들은 심각하고 차분한 얼굴로 웃지 않으려고 애쓴다. 역할을 바꾼다.

부록 3

이 페이지를 복사한 후 점선을 따라 잘라서 워크숍("그거 할 수 있어요.")에 쓸 30장의 카드를 만든다.

✂

가치/미덕 카드	
성실	친절
정직	공정성
착한 마음	용기
끈기	침착성
열정	독립심
이해심	결단력
인내심	의리

타인에 대한 신뢰	힘
자신감	용서
배려	선택의 자유
창의성	어울림
다정함	연민
선의	사랑
감사	관대함
책임	지원

가치와 어긋날 때 어떻게 합니까?

워크숍 개요

1. **게임:** 몸짓과 표정으로 자기 느낌을 표현해 보세요.

2. **나는 여기에 한 표!**

3. **우정의 제스처**

워크숍 목표

- 또래 어린이들이 기본 가치를 지키지 않는 상황을 몇 가지 생각해 본다.
- 어린이들이 그런 방식으로 행동하도록 하는 욕구가 무엇인지 알아본다.
- 기본 가치를 어기지 않으면서 그러한 욕구를 충족하는
  새로운 방법을 배운다.

1. 게임 몸짓과 표정으로 자기 느낌을 표현해 보세요.

한 사람이 몸짓과 표정으로 자기 느낌을 표현하면 다른 사람들은 그것을 그대로 동시에 따라 한다. 느낌을 반영하려면 그것을 표현하는 사람을 자세히 관찰해야 한다. 그다음 사람이 표현하고 모두 따라 하는 식으로 이어 간다.

2. 나는 여기에 한 표!

진행자는 방의 세 곳에 분필로 "찬성", "반대", "중립"이라는 표시를 한다. 진행자의 발언에 찬성하는 사람들은 "찬성"에 모이고, 반대하는 사람들은 "반대"에 모인다. "중립"은 찬성이나 반대 결정을 내리지 못한 사람들이 모이는 곳이다. 진행자가 발언을 한 뒤 모든 어린이들이 자기 입장을 정하고 자리를 잡으면, 진행자는 그러한 결정을 내린 이유를 세 그룹에 묻는다.

- 진행자 발언 1: "남의 것을 가져가는 사람은 모두 도둑이다!"
- 진행자 발언 2: "우리 반에서는 다른 사람의 흉을 보는 일이 없다."
- 진행자 발언 3: "절대로 거짓말을 해서는 안 된다."

각 발언에 대해 어린이들이 돌아가면서 생각을 말하고 나면, 진행자는 그러한 행동을 하게 되는 이면의 이유를 어린이들이 이해할 수 있도록 돕는다. 그런 다음, 가치를 어기지 않으면서도 그러한 욕구를 충족할 방법에 대해 함께 생각해 본다.

돌아가면서 이야기하기

3. 우정의 제스처

참가자 모두가 연대감을 보여 주는 몸짓(악수, 포옹, 뽀뽀 등)을 왼쪽 사람에게 전달한다. 그 제스처를 받은 사람은 옆 사람에게 그것을 전한다. 처음 시작한 사람에게 갈 때까지 계속 이어 간다.

WORKSHOP
26

내가 제일 좋아하는 이야기/만화/영화 주인공

워크숍 개요

　1. 숨은 지휘자 게임

　2. 내가 제일 좋아하는 이야기/만화/영화 주인공

　3. 가치

　4. "그거 할 수 있어요."

　5. **마무리 게임:** 동작이나 표정으로 자신이 선택한 가치 표현하기

워크숍 목표

　• 우리가 소중히 여기고 존중하는 가치를 나눈다.

1. 숨은 지휘자 게임

어린이들이 오케스트라 단원이 되고, 그중 한 명이 지휘자로 선정된다. 지휘자가 손이나 머리로 어떤 동작을 하면, 단원들은 그 동작을 따라 한다. 어린이 한 명이 탐정 역할을 맡아서 누가 지휘자인지 알아맞혀야 한다. 탐정은 다른 사람들이 지휘자를 결정하는 동안 밖에 나가 있는다. 지휘자는 탐정이 다른 곳을 보고 있을 때 동작을 바꾸고, 다른 사람들은 그 동작을 동시에 따라 한다. 탐정은 세 번까지 추측을 할 수 있는데, 지휘자가 누구인지 알아내지 못하면 탐정과 지휘자를 다른 사람으로 바꾸고 게임을 계속한다.

2. 내가 제일 좋아하는 이야기/만화/영화 주인공

진행자는 어린이들에게, 가장 좋아하는 이야기가 무엇이고 가장 좋아하는 주인공이 누구인지, 그리고 그 이야기나 주인공을 택한 이유가 무엇인지 말해 보라고 권한다.

돌아가면서 이야기하기

3. 가치

어린이들은 (24회 워크숍에서 사용한)가치 목록에서 자신이 선택한 주인공이 보여 주는 가치들을 찾아본다. **어린이들이 돌아가면서 이야기한다.**

4. "그거 할 수 있어요."

진행자는 어린이들에게 자신의 행동으로 그런 가치를 보여 주었던 상황을 생각해 보라고 권한다. **어린이들이 돌아가면서 이야기한다.**

5. 마무리 게임

어린이들이 몸짓이나 표정으로 자신이 선택한 가치를 표현한다. 그 모습을 다른 사람들이 모두 그대로 따라 한다.

질투

워크숍 개요

1. **생일 순서로 줄 서기**

2. **문장 완성 게임**

3. **질투의 내적 체험:** 질투를 느끼는 신체 부위 찾기

4. **그런 생각이 들 때 내게 필요한 것은 무엇인가요?**

5. **마무리 게임:** 일기 예보

워크숍 목표

- 질투를 유발하는 생각의 패턴을 인식한다.

- 그러한 생각 뒤에 숨은 충족되지 않은 욕구를 알아차리게 된다.

- 그러한 욕구를 좀 더 건설적으로 표현하고 충족하는 방법을 배운다.

1. 생일 순서로 줄 서기

어린이들은 서로 말을 나누는 일 없이 생일 순서대로 줄을 서야 한다. 진행자는 선의 출발점(1월에 태어난 사람들이 서는 곳)을 먼저 표시해 준다. 줄을 다 서고 나면 각자 자기 생일이 언제인지 말한다. 줄을 서면서 느낀 점에 대해 돌아가면서 이야기한다.

2. 문장 완성 게임

돌아가면서 다음 문장을 완성해 보세요.

· "질투란 …하는 것이에요."

3. 질투의 내적 체험 질투를 느끼는 신체 부위 찾기

몸의 어디에서 질투를 느낍니까? 질투에 색이 있다면 무슨 색일까요?

어린이들이 사람 몸의 윤곽을 그린 뒤, 어디에서 질투를 느끼는지 표시한다. 그리고 만화처럼 머리 위에 말풍선을 그려 넣고 질투를 유발하는 생각을 적는다.(예: "부모님은 나보다 오빠를 더 좋아해!" "쟤는 나보다 예뻐.")

돌아가면서 이야기하기 어디에서 질투를 느낍니까? 그것은 어떻게 생겼습니까? 어떤 생각이 질투를 하게 만드나요?

4. 그런 생각이 들 때 내게 필요한 것은 무엇인가요?

어린이들이 첫 번째 생각 옆에 하트 모양 말풍선을 그린다. 하트 안에 질투를 유발하는 생각 뒤에 숨은 욕구를 적는다. 예컨대, "부모님은 나보다 오빠를 더 좋아해."라는 생각 뒤에는 "나도 똑같이 사랑받고 있다는 것을 알고 싶어."라는 욕구를 써 넣을 수 있다. "쟤는 나보다 예뻐."라는 생각 뒤에는 "나도 예쁘다고 믿고 싶어."라는 욕구가 숨어 있을 수 있다. 필요하면 하트 말풍선을 추가해도 된다.

욕구 쓰기를 마치면, 그러한 욕구를 충족할 방법을 생각해 본다.

돌아가면서 이야기하기 어린이들의 욕구는 무엇이고, 그 욕구를 어떻게 충족할 수 있을까?

5. 마무리 게임 일기 예보

진행자와 참가자들이 원형으로 둘러앉아서 앞사람의 어깨에 손을 얹는다. 진행자가 앞사람의 어깨에 어떤 동작 신호를 보내면, 신호를 받은 사람은 그것을 그대로 자기 앞사람에게 보낸다. 진행자가 날씨(예: 날씨가 맑다, 폭풍우가 시작된다, …) 이야기를 시작하면서 손가락과 손을 이용해 앞사람의 등에 그런 날씨에 어울리는 동작을 표현한다. 이 게임은 좋은 안마 효과도 있다.

사랑

워크숍 개요

1. 몸짓과 표정으로 사랑 표현하기

2. 부모님, 선생님, 친척들에게 사랑 표현하기

3. 친구들에게 사랑 표현하기

4. 사랑의 표시

5. 사랑의 소리

워크숍 목표

- 두려워서 어른에게 복종하거나 어른의 비위를 맞추는 것과 사랑의 차이를 배운다.

- 사랑에 대해 이야기하고 자유롭게 사랑을 표현하는 법을 배운다.

- 사랑을 느끼는 것과 표현하는 것의 차이를 알게 된다.

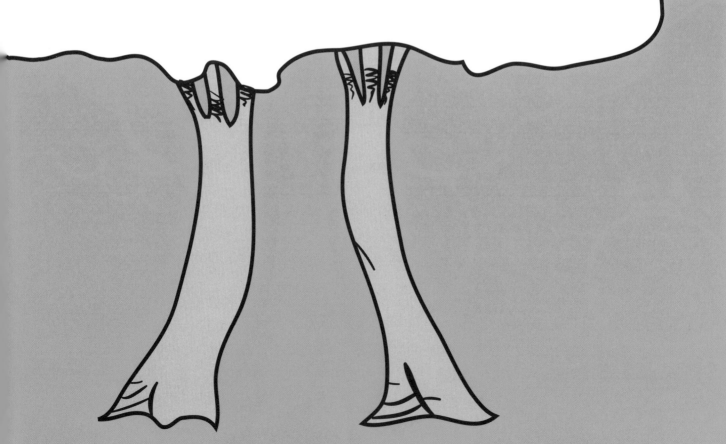

1. 몸짓과 표정으로 사랑 표현하기

사랑의 몸짓과 표정으로 오른쪽 사람에게 사랑을 보여 주세요.

2. 부모님, 선생님, 친척들에게 사랑 표현하기

여러분은 부모님, 선생님, 친척들에게 여러분의 사랑을 어떻게 보여 줍니까?

돌아가면서 이야기하기 어른들에게 사랑을 표현하기 위해 여러분이 하는 특별한 행동을 이야기해 보세요! 부모님, 선생님, 친척들 가운데 누구에게 사랑을 표현하고 싶은지는 참가자들이 자유롭게 선택한다.

진행자의 설명 사랑과 복종을 절대로 혼동하지 않는 것이 아주 중요합니다. 우리가 어떤 일을 할 때에는 스스로 즐거워서 해야 합니다.

3. 친구들에게 사랑 표현하기

친구들(남자 친구, 여자 친구)에게 여러분의 사랑을 어떻게 보여 줍니까? 친구들에게 사랑을 표현하기 위해 여러분이 하는 특별한 행동을 이야기해 보세요! **돌아가면서 이야기하기**

4. 사랑의 표시

여러분은 다른 사람들, 즉 부모님, 선생님, 친척, 친구들, 남자 친구/여자 친구가 여러분에게 어떻게 사랑을 표현해 주기를 바라나요?

돌아가면서 이야기하기 부모님, 선생님, 친척, 친구들, 남자 친구/여자 친구가 하는 행동에서 사랑의 표시라고 생각되는 특별한 점을 이야기해 보세요. 누구에 대해 이야기하고 싶은지는 어린이들이 자유롭게 정한다.

5. 사랑의 소리

특별한 소리로 왼쪽에 앉은 사람에게 사랑을 보여 주세요.

사랑과 나

워크숍 개요

1. 사적인 공간 또는 거리
2. 문장 완성 게임
3. 자기가 사랑에 빠진 것을 어떻게 아나요?
4. 사랑의 표현
5. 몸으로 느끼는 사랑
6. 마무리 게임: 따뜻한 사랑의 메시지로 샤워하기

워크숍 목표

- 사랑에 대해 자유롭게 이야기하고 사랑을 자유롭게 표현하는 법을 배운다.
- 사랑을 느끼는 것과 표현하는 것의 차이를 구분할 수 있다.

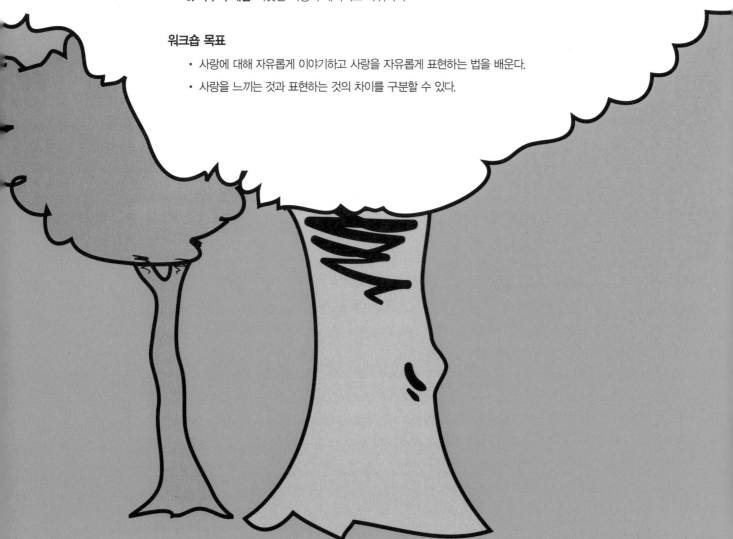

1. 사적인 공간 또는 거리

남자 어린이와 여자 어린이가 짝이 되어 서로 얼굴을 보고 선다. 짝 사이의 간격은 약 1 미터를 유지한다. 서로 눈을 바라보면서 편하게 느껴지는 한 점점 더 가까이 다가가다가 멈추어야겠다고 느낄 때 멈춘다. 진행자는 모든 쌍의 거리에 특히 주의를 기울인다.

진행자가 다시 신호를 보내면 모든 쌍이 서로 코가 닿을 때까지 가까이 다가섰다가 원하는 만큼 멀리 떨어진다.

돌아가면서 이야기하기

· 첫 번째와 세 번째 상황에서 거리는 얼마나 되었나?

· 세 위치에서 각각 어떤 느낌이 들었는가?

· 서로 손을 잡은 것을 기억하는가?

· 서로 상대방의 눈을 바라보기가 어려웠나?

2. 문장 완성 게임

돌아가면서 다음 문장들을 완성해 보세요.

· "사랑이란 …입니다."

· "사랑의 반대는 …입니다."

3. 자기가 사랑에 빠진 것을 어떻게 아나요?

여러분이 사랑에 빠졌음을 알려 주는 신호는 무엇입니까?

돌아가면서 이야기하기

4. 사랑의 표현

· 남자 어린이와 여자 어린이는 마음에 드는 사람에게 사랑을 표현하는 방법이 서로 다른가요?

· 여러분이 특별히 좋아하는 사랑 표현이 있나요?

· 여러분이 좋아하지 않는 사랑 표현이 있나요?

돌아가면서 이야기하기 마음에 드는 남자아이/여자아이에게 사랑을 표현하는 방법에 대해 이야기한다. 자신이 좋아하는 방법과 좋아하지 않는 방법에 대해 이야기한다.

5. 몸으로 느끼는 사랑

몸의 어디에서 사랑을 느낍니까? 사랑에 색이 있다면 무슨 색이겠습니까?

어린이들이 사람 몸의 윤곽을 그린 다음, 어디에서 어떻게 사랑을 느끼는지 표현한다.

돌아가면서 이야기하기

· 어디에서 사랑을 느끼나?

· 그것은 어떻게 생겼나?

돌아가면서 그림을 보여 주고 설명한다.

6. 마무리 게임 따뜻한 사랑의 메시지로 샤워하기

참가자들이 마주 보고 두 줄로 서서 통로를 만든다. 줄의 끝에 있는 사람이 먼저 두 줄
사이를 지나가면, 다른 사람들은 미소를 지으며 그 사람에게 맞는 좋은 말을 해 주거나
쓰다듬어 준다. 그렇게 한 명씩 통로를 지나간다.

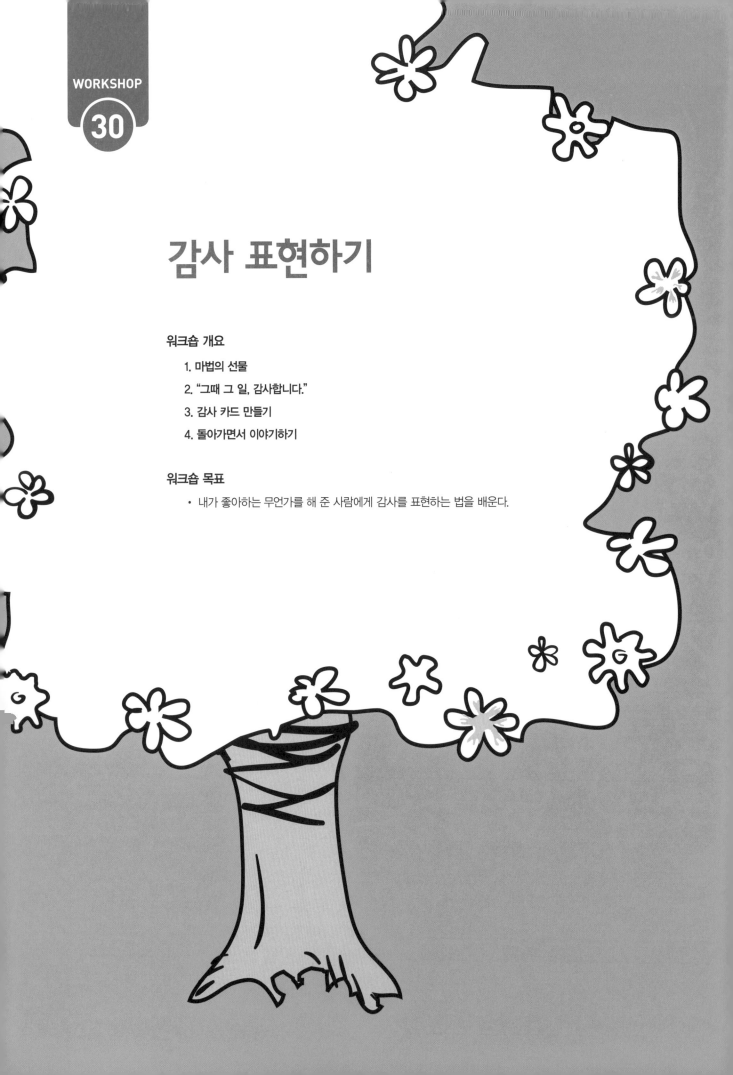

감사 표현하기

워크숍 개요

1. 마법의 선물

2. "그때 그 일, 감사합니다."

3. 감사 카드 만들기

4. 돌아가면서 이야기하기

워크숍 목표

· 내가 좋아하는 무언가를 해 준 사람에게 감사를 표현하는 법을 배운다.

1. 마법의 선물

어린이들이 둥그렇게 둘러서서 자기 오른쪽 사람에게 마법의 선물을 준다. 첫 번째 사람이 상상의 선물을 몸짓으로 표현해서(예: 풍선 불기, 꽃 따기, 바다에서 진주조개 잡기 등) 오른쪽 사람에게 준다. 선물을 받은 사람은 감사를 표하고, 두 번째 선물을 준비해서 다음 사람에게 전한다. 이 게임을 하는 동안에는 서로 말을 하지 않는다. 모두가 선물을 받고 나면 자기가 받은 선물이 무엇이었는지 알아맞혀 본다.

2. "그때 그 일, 감사합니다."

진행자는 부모님이나 친구들, 형제자매 또는 선생님들이 했던 행동 가운데 그때 나에게 꼭 필요한 것이라 정말로 좋았던 것이 있는지 기억해 보라고 한다. 그에 대해 어린이들은 세 가지 요소를 담아 감사를 표현한다. 즉, 어떤 사람이 한 행동을 말하고, 나의 어떤 욕구가 충족되었는지, 어떤 느낌이 들었는지 말한다. 이때 어린이들이 자기가 하는 말에 포함된 행동, 욕구, 느낌이라는 세 가지 요소를 인식하는 것이 중요하다. **돌아가면서 이야기하기**

3. 감사 카드 만들기

어린이들이 고마운 일을 해 준 사람을 위해 감사 카드를 만든다. 카드에 '감사 카드'라고 쓴 다음, 감사하는 사람의 이름을 적고, 그 사람이 무엇을 해 주었고, 자신의 어떤 욕구가 충족되었는지, 그 순간에 어떤 느낌이 들었는지를 쓴다. 그런 다음, 어린이들이 원하는 대로 카드를 장식하도록 격려한다. 마음대로 다른 색깔, 선, 모양, 크기를 정하게 한다.

4. 돌아가면서 이야기하기

진행자는 각 어린이에게 이렇게 물어본다. "그 사람이 이 카드를 받으면 어떤 느낌이 들까요?" 마지막으로, 진행자는 감사를 표현하면 그 상황과 관련된 모든 사람들이 행복해진다는 점을 설명한다.

WORKSHOP

31

돌아보기: 워크숍 여정을 끝내고

워크숍 개요

1. **지금 느낌이 어떻습니까?:** 돌아가면서 이야기하기

2. **그동안의 워크숍 과정을 선으로 표현해 보기:** 돌아가면서 이야기하기

3. **프로그램에 대한 객관적인 평가**

4. **긍정적인 메시지 주고받기**

5. **문장 완성 게임:** "행복할 때 저는 …하고 싶어요."

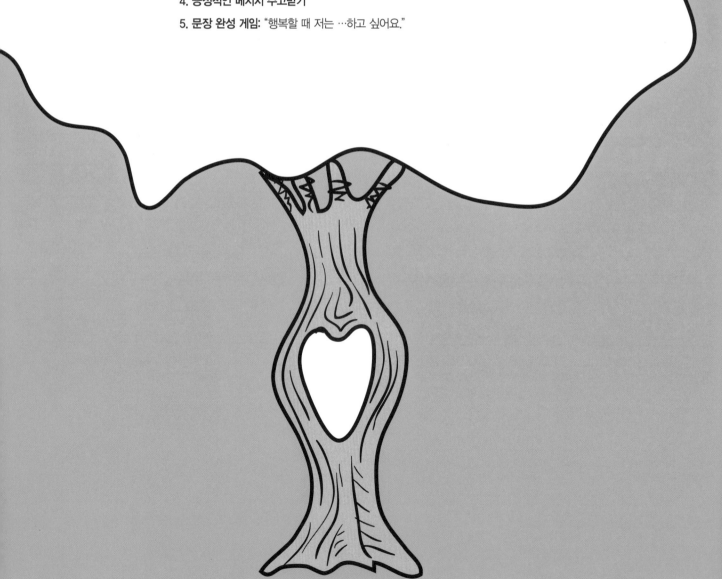

1. 지금 느낌이 어떻습니까? 지금, 여러분은 기분이 어떠세요? **돌아가면서 이야기하기**

2. 그동안의 워크숍 과정을 선으로 표현해 보기

이 프로그램과 함께한 여정을 선으로 표현해 보세요. 출발점, 감정이 가장 고조된 지점,

유쾌했거나 불쾌했던 중간 경유 지점, 도착 지점, 미래의 목적지를 표현합니다.

돌아가면서 이야기하기 이 프로그램과 함께한 여정이 어땠는지 이야기해 보세요.

참가자들이 돌아가면서 그림을 보여 주고 설명한다.

이제, 워크숍 과정을 객관적으로 평가하는 역할로 넘어간다.

3. 프로그램에 대한 객관적인 평가 다음 질문에 대한 답변을 적어 보세요.

a. 프로그램 전체에서 어떤 점이 좋았습니까?

b. 싫었거나 마음에 걸렸던 점은 무엇이었습니까? **c.** 가장 좋았던 워크숍은 무엇이었습니까?

d. 이 프로그램에서 아쉬웠던 것, 해 보고 싶은 것, 추가하고 싶은 것이 있습니까?

4. 긍정적인 메시지 주고받기

함께한 한 사람, 한 사람에게 긍정적인 메시지를 써 주세요. (어린이들에게 전체 참가자

수만큼 종이를 나누어 준다.) 누구에게 주는 메시지인지 알 수 있도록, 종이 뒷면에 메시

지 받을 사람 이름을 쓰는 것을 잊지 마세요. **긍정적인 메시지 교환하기** 한 명씩 일어나서

친구들에게 일일이 메시지를 적은 종이를 전달한다.

5. 문장 완성 게임

연상을 통해 다음 문장을 완성해 보세요. • "행복할 때 저는 …하고(예: 날고) 싶어요."

자, 이제 여러분이 이 프로그램을 끝내는 마무리 게임을 제안해 보세요. 어린이들이 마

무리 게임을 제안한다. (몸짓을 하거나 노래를 하면 다른 사람들이 따라 하기 등)

부모님들께
프로그램 결과 설명하기

1. 영화

어린이들이 네 가지 장면으로 구성된 영화를 만들어 본다. 주제는 '이 프로그램에서 무엇을 배웠고, 가장 인상적이었던 것은 무엇이었나?'이다. 영화의 네 장면을 보는 것처럼 구성한다. 어린이들을 4~5명씩 모둠으로 나눈다. 각 모둠에서는 어떤 이야기를 보여 줄지 결정한다. (10분간 내용을 정하고 연습을 한다.) 그런 다음, 한 모둠씩 무대에 오른다. 발표는 다음과 같이 진행한다. 먼저, 진행자가 청중에게 눈을 감으라고 한다. 발표자들이 첫 번째 장면을 몸으로 표현하면 "눈을 뜨세요."라고 말한다. 2~3초 기다린 다음 "눈을 감으세요."라고 말하고, 발표자들은 두 번째 장면을 준비한다. 이런 식으로 네 장면을 보여 준다. 마지막 장면을 본 후 청중(부모님과 다른 모둠 어린이들)은 자신이 본 장면이 무엇일지 추측한다. 이어서 발표 모둠이 자신들이 보여 주고자 한 내용을 간단하게 설명한다. 이와 같은 방식으로, 모든 모둠이 자기 차례가 되어 발표를 마칠 때까지 계속한다.

2. 마무리 게임 부드러운 말들

진행자는(청중을 포함한 모든 사람들에게) 누군가가 해 준 다정한 말이나 사랑을 표현한 말 중에서 가장 좋았던 말이 무엇이었는지 떠올려 보라고 요청한다. (부모님들은 자기가 어린 시절에 들은 말 중에서 찾는다.) 예컨대, "내 사랑스런 보물" 또는 "있는 그대로의 네 모습을 사랑해." 등이 그런 말이 될 수 있다. 진행자가 다음 안내를 할 때까지 참가자들은 한 가지 말을 속으로 기억해 둔다.

어린이들이 먼저 원형으로 둘러앉고, 부모님들은 그 원의 바깥쪽에 원을 만들어

선다. (숫자가 맞으면 한 어린이 뒤에 한 부모님이 선다.) 진행자가 신호를 보내면 부모님들은 어린이 한 명 한 명에게 다가가서 차례로 그 말을 속삭여 준다. (모든 어린이에게 같은 말을 해 준다.)

진행자는 부모님들로부터 그런 말을 들었을 때 어떤 느낌이 들었는지, 좋았는지 어린이들에게 물어본다.

돌아가면서 이야기하기

다음으로, 부모님들이 둥그렇게 둘러앉고, 어린이들이 부모님들께 자신이 선택한 말을 속삭여 준다. 진행자는 그런 말들을 들었을 때 느낌이 어땠는지, 좋았는지 부모님들께 여쭈어 본다.

돌아가면서 이야기하기

● REVIEW

　　스마일 키퍼스 프로그램은 어린이들을 위해, 그리고 일상에서 어린이들을 상대하는 어른들을 위해 특별히 개발된 프로그램입니다. 이 프로그램은 어린이들의 삶에 변화를 가져다주는 여러 가지 재미있는 활동들에 어린이들을 적극적으로 참여시킵니다.

　　이 프로그램의 워크숍들은 심리 성장의 상호작용 이론(사회적 상호작용이 아동 발달의 기본 구성 요소가 된다는 이론)을 바탕으로 구성되었습니다. 이들 워크숍은 (바이오피드백 이론과 현대의 다양한 심리요법에서 나온) 이완, 자기표현, 자기 제어 및 상호작용 기법을 효과적으로 통합하고 있습니다. 스마일 키퍼스 프로그램의 주요 내용과 가치는 (물론 피드백 이론이나 사회적 상호작용 이론에 기초한 것이지만) 그러한 워크숍들과 전체적인 구성이 매우 독창적이라는 점에 있습니다. 이 프로그램의 고갱이는 상호작용하는 워크숍들의 특별히 고안된 순서를 통해서 전해집니다. 이 프로그램의 주요 가치는 이 워크숍들의 내용과 워크숍이 나열된 순서의 독창성에 있습니다. 그리고 스마일 키퍼스 프로그램과 심리 변화를 자극하는 여러 활동들의 중심에 어린이들이 있습니다. 이 프로그램에 참여한 어린이들은 다음과 같은 방법으로 배웁니다.

1) 신체적·정서적으로 편안한 분위기에서 어린이의 '마음이 열려', 내적 경험을 외부로 표출합니다.

2) 이러한 외부 표출 과정(발표, 그리기, 역할극 등)에서 카타르시스와 간단한 피드백을 통해서 통찰력이 생깁니다.

3) 개인적 경험을 외부로 표출함으로써 다른 사람들도 비슷한 경험을 한다는 통찰을 얻게 되며, 사회 구성원들 간의 유사점과 차이점에 대한 이해가 증진됩니다.

4) 어린이들은 자기 자신과 다른 사람의 경험을 말로 표현하도록 요청을 받음으로써 자신을 더 잘 이해할 수 있게 됩니다.(예: 자기 내면에서 일어나고 있는 일들에 대해 구체

적인 지식을 얻게 됨)

5) 상호적인 워크숍(예: 오해가 발생하는 이유, 사회적 갈등, 비언어적 의사소통 등)에서는 개인의 행동 및 경험에 다른 사람들이 어떻게 대응하는지에 대해, 즉 사회적인 피드백에 대해 이야기하고 또 공동의 문제에 대한 공동의 해결책을 모색함으로써 다른 사람들을 통해 자신을 보고, 대인 관계 문제 해결에 필요한 다양한 심리 기법을 배웁니다.

6) 워크숍 진행자들은 신중하게 매우 중요한 지지자 역할을 합니다. 워크숍이 이어지는 동안 어린이들이 어떻게 변해 가는지 그 과정을 전부 관찰하고, 워크숍 세팅을 미리 준비하며, 아동 발달 과정이 성공적으로 이루어지도록 특별 파트너가 되어 줍니다. 이러한 워크숍에서 어린이들은 적극적으로 참여하면서 경험을 통해 배우고, 삶에서 일어나는 어려움과 문제를 맞닥뜨리고 해결하는 데 도움이 되는 지식과 기술과 방법을 배우게 됩니다. 체험 위주의 이러한 교육법은 특히 전쟁을 겪은 어린이들(난민 아동, 가족을 잃은 고통을 겪는 어린이, 극도의 공포감을 경험한 어린이 등 외상 후 스트레스 증후군[Post-traumatic stress syndrome]을 겪는 어린이들)에게 특히 도움이 됩니다. 또 전쟁과 파괴, 빈곤으로 인해 각종 스트레스에 찌든 세르비아 같은 곳의 어린이들에게도 도움이 됩니다. 이 프로그램은 정상적인 아동 발달 환경에서도 오늘날의 교육제도에 많이 결여된, 어린이의 적극적 참여를 자극하는 역할을 할 것입니다.

이 프로그램이 의도하는 모든 목적을 달성하려면 다음과 같은 사항이 필요합니다.

1) 진행자 교육

2) 첫 번째 워크숍에서 실험을 통해 한 반의 적정 인원수를 정하는 것

3) 워크숍 동안에 쓰는 말의 어휘나 말투가 해당 어린이들의 발달 단계에 적당한지 검토하기

4) 워크숍을 진행하는 도중에 각 그룹의 특성에 맞게, 또 어린이들의 반응이나 참여도에 따라 자유롭게 내용을 조정하기

5) 적어도 프로그램의 첫 번째 효과(어른들이 보기에 어린이들에게 변화가 생겼는지, 어린이들 스스로가 이 프로그램이 효과가 있다고 보는지, 어린이들이 프로그램에서 배운 것을 다른 상황에서 적용하는 모습이 보이는지)가 나타나는지 평가하기

마지막으로, 스마일 키퍼스 프로그램이 많은 호응을 얻기를 바랍니다. 이 프로그램은 중요한 교육 혁신이며, 특히 전쟁의 피해를 입은 어린이들뿐 아니라 일반 아동들 사이에서도 실질적인 효과를 거둘 수 있기 때문입니다.

—1993년 7월 15일 세르비아 베오그라드에서

이반 이비치 박사

(베오그라드대학교 발달심리학 교수)

● 저자 소개

나다 이냐토비치-사비치(1947~2011)는 31년간 세르비아의 베오그라드대학교에서 발달심리학을 강의하며 연구했다. 여러 연구 프로젝트와 중재 프로젝트를 수행했고, 개인적 발달, 의사소통, 사회적 상호작용, 교육 분야에서 여러 권의 책을 저술하고 많은 프로그램을 진행했다.

'스마일 키퍼스'라는 비폭력대화센터의 공동 설립자이기도 한데, '스마일 키퍼스'는 주로 인간 발달, 자기 인식 및 집단 인식 강화, 교육 관행 및 사회 변화의 재구성 문제를 다루는 비정부기구이다.

1993~2001년에는 유니세프, EU, 노르웨이 피플스 에이드, 세이브 더 칠드런 트러스트가 지원하는 다수의 중재 프로젝트를 수행했다. 이 기간에는 구 유고슬라비아의 여러 단체들과 함께 전쟁의 상처를 치유하고 평화를 정착시키기 위한 여러 교육 프로그램을 제공하기도 하였다. 2000~2002년에는 2개의 국제 평화 프로젝트─그리스 델포이와 올림피아에서 열린 '어린이 올림픽'(10개국의 어린이들과 전문가들 참여) 및 로마와 예루살렘에서 개최된 '이스라엘과 팔레스타인의 종교 지도자, 기업인, 대학 관계자, 언론인들과 함께하는 평화와 화해의 작업(The Day After)'─에서 프로그램 위원회의 위원과 트레이너로 활동했다.

마셜 로젠버그 박사로부터 비폭력대화 지도자 인증을 받은 1993년 이후에는 로젠버그 박사와 함께 세계 여러 곳에서 열흘짜리 집중 교육으로 진행된 비폭력대화 프로그램에 공동 트레이너로 참여했고, 유럽과 이스라엘, 인도에서 활발하게 비폭력대화를 교육했다. 2003년에는 그리스 펠리온에서 '인권과 갈등 관리' 프로젝트팀에 비폭력대화를 가르쳤다. 이 프로젝트는 유럽여성네트워크가 EU와 그리스 청소년부의 후원을 받아 진행했다.

나다 이냐토비치-사비치는 '세르비아 지구 수호 네트워크'(Serbia of the Earth Stewards Network)의 코디네이터를 역임하기도 했다. 이것은 1979년에 심리학자인 다난 패리가 설립한 국제 네트워크로, 평화, 국제적 소통, 갈등 해결, 시민 외교 문제를 다루는 기구이다.

1996년 이후로는 EP(Essential Peacemaking/Women & Men) 인증 퍼실리테이터로도 활동했다. 크리스 가드너와 함께 구 유고슬라비아 등 유럽 여러 국가에서 다양한 그룹에 EP 교육을 제공했다.

2001~2004년에는 세르비아 교육부와 함께 일하면서 교육 민주화와 학교 제도 개혁을 위한 전문가팀에 참여했다. 여기서 나다 이냐토비치-사비치는 초등학생들을 위한 시민 교육 프로그램도 개발했다.

대표 저서 및 논문

- N. Ignjatović-Savić, T. Kovač-Cerović, D. Plut, and A. Pešikan, "Social Interaction and Its Developmental Effects," in J. Valsiner(ed.), *Child Development within Culturally Structured Environments,* Ablex, 1988, 89~159.

- N. Ignjatović-Savić, "Le developpement de la cognition sociale chez les enfants prescolaires: une approche interactive," in *Quelles recherches, quelles demarches pour que tous les enfants developpment leurs potentialites?,* CRESAS-INRP, Paris, 1992.

- N. Ignjatović-Savić, "Expecting the Unexpected: A View on Child Development from War Affected Social Context," in *Psihologija,* Journal of the Serbian Psychological Association, Vol. XXVIII, Special Issue 1995.

프로그램 및 매뉴얼

- 스마일 키퍼스
  심리학자와 교사들의 개인적, 전문가적 역량 개발을 위한 2개의 교육 프로그램, 1993.
- 스마일 키퍼스 I·II·III

142

5~10, 11~15, 15~18세 어린이와 청소년을 위한 프로그램 매뉴얼로, 베오그라드대학교 심리학연구소가 발행(1994). 이 프로그램들의 목표는 참가자들이 감정적 경험(두려움, 슬픔, 분노)과 갈등에 대한 대응 전략, 자아 및 사회적 인지 능력을 계발하도록 돕는 것이다.

• 상호 교육(Mutual Education)

아동 관련 분야 종사자들을 위한 비폭력대화 교육 프로그램(1995).

• 말은 창문이 될 수도 있고 벽이 될 수도 있습니다(Words are windows or they are walls) 1·2·3

5~10, 11~14, 15~18세 아동/청소년에게 비폭력대화 프로그램을 교육하는 교사들을 위한 매뉴얼. 베오그라드대학교 심리학연구소 출판(1996). 이 매뉴얼들은 독일어, 영어, 폴란드어, 덴마크어, 이탈리아어로 번역되었으며, 유럽의 여러 유치원과 학교에서 사용되고 있다.

• 시민교육 1·2·3

초등학교 1, 2, 3학년을 위한 시민 교육 프로그램. 세르비아 교육부 발행(2002~2004).

스마일 키퍼스® Smile Keepers®
프로그램 진행자를 위한 교육 안내

한국NVC센터에서는 **스마일 키퍼스 프로그램 진행자를 위한 교육**을 제공하고 있습니다.

• 모든 진행자들은 프로그램을 진행하기 전에 **진행자를 위한 교육**에 참가해야 합니다. 이 교육은 프로그램 진행자들이 각 워크숍의 내용과 목표에 대해서 배우고, 직접 체험과 적극적인 전문성 개발을 통해 워크숍 진행 기술을 습득하도록 돕기 위한 것입니다. 또한 전통적 교육 방식이 아닌 대안적 방식을 학습하므로, 교육자로서의 자질을 증진하는 기회도 됩니다.

• **진행자를 위한 교육**은 총 42시간으로 구성되어 있습니다. 인간 발달에 관한 이론적인 배경을 학습하여 이해도를 높이고, 아이들을 공감하는 연습을 하며, 16회가량의 스마일 키퍼스 워크숍을 모의 진행 방식으로 직접 진행해 봅니다. 모의 진행을 통해 어린 시절의 경험으로 돌아가 그때의 상처를 치유하는 체험을 하기도 하고, 아이들을 더 잘 이해할 수 있는 기회를 가지게 됩니다.

• 더 깊은 공감으로 아이들을 대하기 위해 한국NVC센터를 통해 진행되는 NVC1, NVC2, NVC3 과정을 이수한 분을 대상으로 **진행자를 위한 교육**이 진행되고 있습니다. (* 특히 교직에 계신 선생님은 교육자로서의 전문성을 인정하여 NVC2를 이수하신 경우에도 가능합니다.)

한국비폭력대화교육원 www.krnvcedu.com 02-325-5586